Vreni Merz

Die Bibel an der Bettkante

Vreni Merz

Die Bibel an der Bettkante

Ein Familienbuch

Vorlesegeschichten
Erzählideen
Rituale

Kösel

Illustrationen von

Mascha Greune

Mix
Produktgruppe aus vorbildlich bewirtschafteten Wäldern und anderen kontrollierten Herkünften
www.fsc.org Zert.-Nr. GFA-COC-1298
© 1996 Forest Stewardship Council

Verlagsgruppe Random House FSC-DEU-0100
Das für dieses Buch verwendete Papier *Fly 05*
liefert Schleipen, Bad Dürkheim.

Umschlag: fuchs_design, München,
unter Verwendung einer Illustration von Mascha Greune, München
Druck und Bindung: Kösel, Krugzell
Printed in Germany
ISBN 978-3-466-36750-4

www.koesel.de

Inhalt

Liebe Leserin, lieber Leser!

Erinnern Sie sich an den barmherzigen Samariter, an den verlorenen Sohn oder an den blinden Bartimäus? Vielleicht haben Sie diese biblischen Geschichten als Kind gehört oder gelesen, aber so genau sind Ihnen diese Erzählungen nicht mehr in Erinnerung. Es kann auch sein, dass Ihnen die Bibel vorkommt wie ein Buch mit sieben Siegeln – geheimnisvoll und unverständlich. Trotzdem würden Sie Ihrem Kind gern hie und da etwas daraus erzählen, wenn Sie nur wüssten, wie Sie es am besten machen könnten. Denn so viel ahnen Sie bestimmt: In den biblischen Geschichten stecken Lebensweisheiten, die bis heute aktuell sind und die sowohl Ihnen selbst als auch den Kindern Kraft und Orientierung geben können.

Hier setzt dieses Buch an. Es will jene unterstützen, die sich diesen Geschichten zuwenden möchten, um sie – zusammen mit Kindern – neu zu entdecken. Dabei steht natürlich das lebendige Erzählen oder Vorlesen an erster Stelle. Die vorliegenden Texte können Sie dafür direkt übernehmen. Gespannt werden die Kinder dem Geschehen folgen, ohne über unverständliche Formulierungen zu stolpern.

Für dieses Buch wurde eine sinnvolle Auswahl von geeigneten Texten getroffen, bestehend aus biblischen Frühlingsgeschichten, biblischen Sommer-, Herbst- und Wintergeschichten. Wo es sich anbietet, orientieren sie sich an den Festen und Bräuchen im Kreislauf des Jahres.

Im Anschluss an jede Erzählung finden Sie eine praktische Anregung, um das Gehörte mit den Kindern zu verarbeiten, zu verinnerlichen, zu vertiefen. Denn eine biblische Geschichte ist wie ein Schatz im Acker. Hat man ihn einmal gefunden, will man ihn nicht sofort wieder aus der Hand legen. Zumindest eine Weile möchte man ihn betrachten und ein bisschen bewundern, bevor man sich wieder dem Alltag zuwendet.

Sie werden nützliche Hinweise bekommen, damit das Erzählen und Nachdenken über biblische Geschichten für Sie und Ihre Kinder zu einer beglückenden Erfahrung wird. Neben grundsätzlichen Überlegungen und nützlichen Tipps gibt es am Schluss des Buches auch ein paar fachliche Informationen: Die »Kleine Bibelkunde« möchte wenigstens ansatzweise Antwort geben auf Fragen nach den Quellen und der Entstehung der biblischen Schriften.

Möge Ihnen eine Tür aufgehen, die Sie bisher vielleicht kaum beachtet haben. Denn was sich dahinter verbirgt, kann alle bereichern – Kinder und Erwachsene. Biblische Geschichten schärfen den Blick für Großartiges und Unfassbares. Mehr noch: Sie prägen unser Bewusstsein. Denn ihr hoher literarischer Wert ist zeitlos. Solche Texte ermutigen auch heute noch und helfen letztlich, das Leben zu meistern.

Frühling 2007
Vreni Merz

Wie die Bibel lebendig wird

Geschichten, die das Leben schrieb

Wahrscheinlich haben Sie mit der Bibel unterschiedliche Erfahrungen gemacht – egal, ob sie Ihnen vertraut ist oder nicht. Vielleicht hat man Ihnen als Kind Geschichten daraus erzählt und mit einem moralischen Appell verknüpft. »Auch wir sollten …«, hieß oft die logische Schlussfolgerung: beispielsweise danken wie die geheilten Aussätzigen (vgl. S. 102) oder glauben wie die Männer im Seesturm, als die Wellen ans Boot schlugen (vgl. S. 107). Als ob das so einfach wäre! Als moderne Menschen leben wir ja in einer ganz anderen Umwelt. Wer von uns kommt je dazu, im Boot über einen See zu rudern? Für uns ist das höchstens ein Freizeitvergnügen; für die damaligen Berufsfischer gehörten Schifffahrten zum Alltag. Wir hingegen haben andere Verpflichtungen – auch andere Fragen und Probleme. Gottlob sind wir nicht von Aussatz befallen, von jener Krankheit, die Betroffene damals an den Rand der Gesellschaft drängte. Aussatz ist hier bei uns praktisch gänzlich verschwunden, sodass wir keinen Anlass haben, auf eine solche Heilung zu hoffen.

Oder etwa doch? – Wenn wir die biblischen Texte nicht bloß wörtlich verstehen, gehen uns Welten auf. Der See Gennesaret, auf dem es ungemütlich und gefährlich wird, kommt uns auf einmal bekannt vor, wenn wir an die »Stürme« denken, denen wir hie und da ausgesetzt sind. Wie gut kennen wir die Hektik im Alltag, die uns zusetzen kann, bis es uns richtig »sturm« wird. »Mir steht das Wasser bis zum Hals«, sagen wir dann, wenn wir es kaum schaffen, uns aus einer schwierigen Situation zu retten. Und wenn wir weder ein noch aus wissen und beinahe »untergehen«, kann es plötzlich geschehen, dass die Wolken sich lichten und der Sturm sich legt: Alles ist wieder gut. Oft können wir nicht erklären, wie es dazu kam. Es kann uns durchaus wie ein Wunder vorkommen. Vielleicht hat ein Mitmensch dazu beigetragen, oder die Umstände haben sich wider Erwarten völlig verändert. Irgendwie kam eine Lösung in Sicht – und wir atmen auf.

Was uns betrifft

Die biblischen Erzählungen – vor allem jene, die in diesem Buch zur Sprache kommen – haben es in sich. Obwohl es sich um alte Geschichten handelt, können sie uns heute ansprechen. Sobald wir sie übertragen auf Situationen, die wir im eigenen Leben kennen, gewinnen sie an Aktualität. Da geht es zum Beispiel um die Heilung eines Blinden (vgl. S. 93). Er wünscht sich nichts sehnlicher, als wieder sehen zu können. Ihm entgehen die Farben, die Konturen, die klare Sicht der Dinge. Seine Lebensqualität ist eingeschränkt. Er sieht nicht, was Sache ist, und findet sich kaum zurecht. Wie gut kennen wir diese Befindlichkeit! Selbst wenn wir sehen, sehen wir manchmal nicht. Wie Blinde tasten wir durchs Leben, auch wenn unsere Augen gesund sind. Mehr oder weniger verzweifelt suchen wir den Weg aus einer verworrenen Situation, in die wir ungefragt hineingeraten sind. Der Durchblick fehlt, und wir tappen im Dunkeln. Wer in einer solchen Situation die Erzählung vom blinden Bartimäus liest und sich Zeit nimmt, sich darauf einzulassen, steht plötzlich sich selbst gegenüber: Da wird mit einfachen Worten ein Mensch geschildert, dem man sich verwandt fühlt. »Das bin ich«, könnte man sagen, oder »etwa so komme ich mir im Moment vor«.

In einer andern Geschichte wird von einem Gelähmten berichtet (vgl. S. 84). Seine Glieder sind lahm, er kann nicht mehr gehen. Auch diese Erfahrung kennen viele von uns, sich zeitweise wie gelähmt zu fühlen und kraftlos zu sein. Antriebslosigkeit ist denn auch kein seltenes Phänomen unserer Zivilisation, fast so, als müssten wir uns manchmal wehren gegen die ständige Betriebsamkeit, die uns pausenlos fordert. Da gibt es durchaus Phasen, in denen wir es kaum schaffen, uns aufzuraffen. Die Energie ist abhandengekommen; man fühlt sich geschwächt. »Es geht nicht gut«, sagen wir dann, oder »bei mir läuft im Moment gar nichts«. – Nichts »geht« und nichts »läuft« – wie beim biblischen Gelähmten, dessen Gefährten schlussendlich unkonventionelle Vorkehrungen treffen, damit die Heilung möglich wird.

Diese biblischen Geschichten haben also durchaus mit uns zu tun. Aber nur dann, wenn wir sie entsprechend lesen. Es gilt, gleichsam durch die Worte hindurchzublicken, damit sich der Reichtum an Bedeutung erschließt, der in diesen urtümlich erzählten Ereignissen steckt. Das ist eigentlich gar nicht so schwierig. Denn zumindest in den Geschichten, die in diesem Buch zu lesen sind, wird Unglaubliches und Erstaunliches in einfachen Worten erzählt. Szenen werden geschildert, die uns in ihrer schlichten Darstellung berühren. Wären die Texte ausgeklügelter und differenzierter, mit Reflexionen durchsetzt und mit Deutungen überhöht, kämen sie uns wohl fremder und fixierter vor – als Zeitzeugnis von damals. Stattdessen begegnet uns ein elementarer Schreibstil, als hätten wir es mit einer Rohfassung zu tun. Vielleicht gerade deshalb wirken diese Texte durchlässig und übertragbar. In ihrem Kern stecken Wahrheiten, die sich auf Erfahrungen beziehen, die an keine Epoche gebunden sind: Immer schon standen die Menschen zwischen Angst und Vertrauen, immer haben sie gehofft, sich gefreut oder geärgert. Seit jeher waren sie glücklich oder verzweifelt, dankbar oder undankbar, übermütig oder traurig. Damals wie heute können sich Lebenssituationen auf einen Schlag verändern, öffnen sich neue Horizonte, werden Perspektiven sichtbar, an die niemand gedacht hätte. Solange es die Menschheit gibt, wird es so bleiben. Und weil die biblischen Texte diese urmenschlichen Erfahrungen zur Sprache bringen, haben sie eine durchschlagende Gültigkeit und können problemlos einen Zeitsprung machen.

Allerdings ist die Bibel kein einfacher Ratgeber für alle Lebenslagen, erst recht keine simple »Glückspost«. Zwar ist vom Heil die Rede, von Jesus, der in diese Welt geboren wurde. Aber damit fangen auch die Schwierigkeiten an. Was ist von ihm zu halten? Ist er nun der lang ersehnte Messias oder ist er es nicht? Kommt er als Retter oder Volksverführer? Die biblischen Schriftsteller – ob auch Schriftstellerinnen mitwirkten, ist ungewiss – beschönigen nichts. Ihre Geschichten zeigen, wie gefährdet sein Auftreten und wie spannungsgeladen das Umfeld war. Seine Botschaft war ungewöhnlich, manchmal explosiv. Man fragte und zweifelte, man schwärmte oder verurteilte. Diese Gegensätze kennen wir gut. In solchen Ungereimtheiten leben wir heute noch und finden in der Bibel tatsächlich Geschichten, die irgendwie auch die unsrigen sind.

Intuitives Verstehen

Man ist beim Schreiben der biblischen Schriften damals alles andere als systematisch vorgegangen. Es scheint so, als hätte man spontan aufgeschrieben, was man aus langjähriger mündlicher Überlieferung festhalten wollte, weil es einem wichtig war: Begebenheiten rund um Jesus von Nazaret, den man bewunderte, verkannte und schließlich vernichten wollte. Dass dies nicht wirklich gelang, war wiederum Grund genug, davon zu berichten und zu schreiben – in Form von Episoden, Szenen und Gleichnissen. Dabei wird auch deutlich, dass den Verfassern vieles seltsam vorkam und dass sie manches nicht verstanden.

Wenn wir nun den Kindern diese Geschichten erzählen, können wir sie so übernehmen, wie sie geschrieben sind. Sie verstandesmäßig zu durchleuchten ist kaum angebracht, genauso wenig, wie man nach einer Märchenerzählung mit den Kindern analysiert, was eine Fee oder eine Hexe bedeutet. Das ahnen sie selbst. Ähnlich wirken die biblischen Geschichten in ihrer Urkraft. Auch ohne explizite Übertragung hinterlassen sie Spuren, die zur unbewussten Persönlichkeitsentwicklung beitragen.

Auf keinen Fall geht es darum, biblische Wunderberichte zu »erklären«. Vielmehr gilt: Das Unerklärliche ist ein Teil des Lebens, den uns gerade biblische Geschichten lebendig vor Augen führen. Der Verstand reicht sowieso nicht aus, um allem auf den Grund zu kommen. Ihn allzu einseitig zu bemühen, haben die Kinder übrigens kaum nötig – und auch die biblischen Texte nicht. Ihre übergreifende Bedeutung erfassen Kinder intuitiv, wenn wir ihnen den Zugang dazu offenhalten. Die folgenden Kapitel möchten zeigen, was zu tun ist, damit die innere Dynamik und der kraftvolle Gehalt dieser Erzählungen die Kinder erreichen.

Zuhören und mitfiebern

Haben Sie Ihr Kind schon beobachtet, wie es einmal voll und ganz bei einer Sache war? Bestimmt erinnern Sie sich an eine solche Situation, die es völlig fesselte. Vielleicht hat es sich mit Haut und Haar einem Gegenstand zugewandt, und alle seine Kräfte waren darauf ausgerichtet. Gut möglich, dass es dabei die ganze Welt um sich herum vergessen hat, um ganz bei dem zu sein, was ihm im Augenblick das Wichtigste war. In diesen Momenten hat es nicht über Langeweile geklagt und nicht um ein Eis gebettelt. Es ist weder lustlos durch die Wohnung gelaufen noch hat es Sie mit seinem Quengeln genervt.

Vielleicht haben Sie diese völlige Hingabe Ihres Kindes auch dann schon einmal erfahren, wenn Sie ihm eine Geschichte erzählten. Es ist Ihnen »an den Lippen gehangen«, wie man so schön sagt, und es war »ganz Ohr«. Wehe, wenn eine solche Erzählung gestört wird! Kaum auszuhalten, an der spannendsten Stelle abbrechen zu müssen. Unbedingt will man wissen, wie die Geschichte weitergeht.

Die Ohren bekommen Augen

Ein alter chinesischer Spruch sagt, dass beim Zuhören die Ohren Augen bekämen. So ist es: Eine interessante Erzählung verwandelt sich sofort in ein Bild. Allerdings müssen die Zuhörenden selbst dieses Bild vor dem inneren Auge entstehen lassen, was eine durchaus beträchtliche Leistung ist. Doch je eindrücklicher und anschaulicher jemand erzählt und je stärker die Anwesenden davon betroffen werden, umso klarer entsteht das innere Bild. Wie gesagt: Dabei ist die eigene Vorstellungskraft gefragt – und je öfter beispielsweise Kinder in den Genuss einer Erzählung kommen, umso besser können sie ihr Vorstellungsvermögen entwickeln. Dieses Potenzial zu fördern ist nicht unwichtig.

Ihr Kind wird aber nicht bloß stumme, unbewegliche Bilder in sich aufsteigen lassen, wenn Sie ihm eine Geschichte erzählen. Die Figuren bewegen sich, und sie sprechen auch. Ihr Kind »hört« sie lachen oder auch schimpfen. Und es kann sich alle diese unterschiedlichen Äußerungen umso besser vorstellen, je engagierter Sie erzählen.

Was bedeutet das? Wenn Sie beispielsweise eine Person schildern, die etwas sagt, werden Sie diese am besten in direkter Rede sprechen lassen. Das heißt: Sie sprechen so, als wären Sie selbst die redende Person. Damit ist nicht gemeint, dass Sie sich wie eine Schauspielerin oder wie ein Schauspieler gebärden müssen. Es genügt, sich selbst in das Geschehen hineinzuversetzen und den Erzählfiguren nachzuempfinden, was sie bewegt. Ihr Kind wird dadurch unwillkürlich in diesen Prozess miteinbezogen: Es ist dabei, es fühlt mit.

Mitempfinden

Damit wird deutlich, dass beim Zuhören die Ohren nicht nur Augen bekommen. Auch Emotionen werden wach. Man freut sich mit, man trauert. Es kann durchaus vorkommen, dass Kinder mitten in einer Erzählung zu weinen beginnen. Das sollte auf keinen Fall verhindert werden, indem man beim Erzählen Leid und Elend vorsichtshalber verharmlost. Auch Wut kann regelrecht entbrennen oder Hass aufflammen, wenn beispielsweise eine Geschichte zeigt, wie jemand viel Gutes tut, dafür keinen Dank bekommt und erst noch ungerecht behandelt wird.

Die biblischen Geschichten sind voller Dynamik. Nichts fehlt darin, was die Menschen betrifft. Sie eignen sich außerordentlich gut dazu, Ihrem Kind viel Wertvolles zu jenen Fragen mitzugeben, die uns bis ans Ende beschäftigen: Wo leben wir? Wie läuft die Welt? Was ist zu tun?

Doch biblische Geschichten sind keine theoretischen Belehrungen; sie erzählen Geschichten. Menschen werden geschildert, die in ihrem einfachen Leben diesen Fragen nachgegangen sind. Erzählen Sie davon, und lassen Sie Ihr Kind von ganzem Herzen mitgehen.

Gut erzählen – aber wie?

Erzählen ist nichts Ungewöhnliches. Täglich erzählen wir einander, was wir erlebt haben, womit wir uns gerade beschäftigen oder wie es uns geht. Wir sprechen dabei aber nicht nur mit Worten. Gestik und Mimik spielen mit; vielleicht begleiten wir unsere Aussagen mit einem Lächeln, mit hochgezogenen Brauen oder verneinender Gebärde. Allein schon im Tonfall bringen wir uns zum Ausdruck. So macht jede Erzählung ein Stück weit sichtbar, was wir im Hintergrund empfinden und denken. Denn wir geben dabei nicht nur sachbezogene Informationen weiter; gleichzeitig teilen wir uns selber mit. So schaffen wir Begegnung; erzählend bringen wir uns ein.

Wenn wir jemandem länger zuhören, kennen wir deshalb nachher nicht nur die erzählte Geschichte. Wir nehmen auch die Person wahr, die erzählt hat; ihre Einstellung wird spürbar. Ob sie selber angetan ist von dem, was sie berichtet, oder ob sie etwas weitersagt, was ihres Erachtens belanglos ist, kann sie kaum verbergen. Sie wertet bewusst oder unbewusst, was sie mitteilt. Kurz und gut: Eine Erzählung erreicht die Zuhörenden auf mehreren Kanälen und kann entsprechend »vielsagend« sein.

Daran ist auch zu denken, wenn wir den Kindern Geschichten aus der Bibel erzählen. Im Gegensatz zu den zahlreichen elektronischen Hilfsmitteln, die ebenfalls »erzählen«, sind wir dabei mit Leib und Seele präsent. Auf einer DVD oder einem Video

– und mag es noch so professionell gestaltet sein – fehlt die anwesende Person, der man auf den Schoß klettern kann, die mitlacht, wenn es lustig wird, und an die man sich gerne kuschelt, wenn Gefahr droht. Auch geht sie auf Fragen ein und hört bereitwillig zu, falls man mittendrin unbedingt etwas sagen will.

Wir können heute – im Zeitalter der bald unbegrenzten technischen Möglichkeiten – durchaus von einem Comeback des Erzählens sprechen. In Schule und Familie gewinnt diese elementare Vermittlungsform neu an Bedeutung, weil oft schon kleine Kinder von den elektronischen Unterhaltungsmedien beinahe übersättigt werden. Eine erzählende Großmutter, eine Erzieherin oder ein Lehrer, ein Vater oder eine Mutter hingegen, die live erzählen, gewinnen Seltenheitswert. Denn sie schenken dem Kind nicht nur eine Geschichte, sondern auch ihre Zeit, ihr Dasein – und wie gesagt: ein Stück von sich selbst. Wer es bereits versucht hat, wird zustimmen: Beim Erzählen einer interessanten Geschichte gelingt die persönliche Zuwendung zum Kind besonders gut.

Beachten Sie dazu zehn kleine Tipps – mit großer Wirkung:

1. Packen Sie die Gelegenheit beim Schopf!

Viele Kinder sind für eine biblische Geschichte besonders am Abend empfänglich. Sie haben bereits den Schlafanzug angezogen und legen sich hin, und Sie setzen sich zu ihm an den Bettrand. Die Geschichte ist sozusagen der Übergang vom Tag zur Nacht – ein besonders sensibler und wichtiger Moment. Es kann uns nicht egal sein, womit das Kind sein waches Bewusstsein verlässt und was es mitnimmt in seine Träume. Mit einer Erzählung aus der Bibel können wir es getrost in den Schlaf entlassen. Doch gibt es auch andere Gelegenheiten, die sich zum Erzählen anbieten: Ein Regensonntagnachmittag, eine Zug- oder Autofahrt oder die Zeit vor dem Abendessen. Und wenn Ihr Kind plötzlich daherkommt, wenn Sie es gar nicht erwarten, und mitten am Tag um eine Geschichte bittet, dann tun Sie ihm den Gefallen, wann immer Sie können.

2. Schalten Sie das Handy aus!

Nichts ist störender, als wenn Sie beim Erzählen einer Geschichte vom Telefon mitten aus dem Satz gerissen werden. Der Spannungsbogen zerbricht – und zwar für alle: für die erzählende Person ebenso sehr wie für jene, die zuhören. Innerlich aufgebaute Bilder fallen in sich zusammen und die dichte Atmosphäre verflüchtigt sich auf einen Schlag. Unsanft werden alle in eine Wirklichkeit zurückgeworfen, die sich jetzt ungebührlich in den Vordergrund drängt. Selbst wenn Sie das Telefongespräch kurz halten, können Sie nicht so weiterfahren, als hätte Sie der Anruf nicht unterbrochen. Schade! Gönnen Sie sich und Ihrem Kind diese kleine geschützte Oase des Erzählens. Meistens entgeht uns nichts, wenn wir in solchen Momenten auf unsere Erreichbarkeit verzichten.

3. Setzen Sie sich hin!

Mit andern Worten: Machen Sie es sich bequem! Nur in einer entspannten Haltung ist es möglich, sich ganz und gar auf das Geschehen einzulassen. Das ist für Sie als erzählende Person genauso wichtig wie für das Kind. Kinder nehmen in der Regel von selbst dort Platz, wo sie am besten zuhören können und ihnen ja nichts entgeht – möglichst nahe bei Ihnen. Wenn Sie sich aber nur halb hinsetzen, sitzen Sie nicht wirklich, und es könnte sein, dass dann auch die Erzählung nicht »sitzt«. Gleichzeitig noch etwas anderes tun zu müssen oder in Eile zu sein, sind sowieso schlechte Voraussetzungen für gutes Erzählen. Gewiss gilt auch hier die Regel: besser kurz, dafür intensiv. Die biblischen Geschichten in diesem Buch sind kürzer oder länger – einige sind nur ein paar Sätze lang. Wenn Sie sich für eine kurze Erzählung wirklich hinsetzen, tun Sie Ihrem Kind damit einen größeren Gefallen, als wenn Sie sich zu einer längeren überreden lassen, der Sie sich kaum zuwenden können.

4. Fangen Sie an!

Es klingt banal, aber es ist wichtig: Der Anfang zählt! Tun Sie es den Solistinnen und Solisten gleich, die zu Beginn des Konzertes eine Sekunde warten, bevor sie die Finger zielsicher auf die Tasten des Flügels fallen lassen. Erst dann beginnen sie, in voller Konzentration Musik zu spielen. Doch vorher haben sie alle Töne in sich. Wenn Sie eine Geschichte aus diesem Buch erzählen oder vorlesen, müssen Sie diese nicht auswendig können. Aber warten Sie einen Augenblick, bevor Sie den ersten Satz sagen, und vergewissern Sie sich, ob Ihr Kind bereit ist zu hören. Vielleicht haben Sie vorher gemeinsam mit ihm das Buch vom Regal geholt und es von ihm aufschlagen lassen. Dann und wann kann auch eine Kerze angezündet werden, um der Erzählstunde eine besondere Note zu geben. Wie auch immer: Gestalten Sie den Anfang, denn dadurch wecken Sie nicht nur Interesse. Sie schaffen damit zugleich jene Atmosphäre, die es möglich macht, sich auf Bedeutsames einzulassen. Das Vorhaben wird zu einem kleinen

Ereignis gemacht, das sich abhebt vom gewöhnlichen Alltag – für Sie und Ihr Kind.

5. Leben Sie mit!

Am eindrücklichsten erzählen wir das, was uns selbst bewegt – was uns aufwühlt, freut oder ärgert. Von selbst schwingen dabei die Emotionen mit, und wir erzählen interessant und spannend, ohne dass wir uns speziell darum bemühen. Was wir hingegen belanglos finden, sagen wir – wenn überhaupt – kaum mit innerem Feuer weiter. Biblische Geschichten erzählt man also am besten so, als hätte man sie selbst erlebt, oder noch besser so, als würde man mitten im Ereignis stehen. Wie ist dies möglich? Es gibt nur einen Weg dazu, nämlich sich von den überlieferten Texten ansprechen zu lassen, und zwar derart, dass man das Faszinierende, das Erstaunliche oder auch Erschreckende darin innerlich mitempfindet. Die Kinder sind dazu oft fähiger als wir – von ihnen können wir lernen. Denn biblische Geschichten sollte man nicht mit einem kühlen Kopf lesen, weil uns der kritische Verstand diesbezüglich nicht weit bringt. Wie kommen wir dazu, verstehen zu wollen, was selbst für die biblischen Schriftsteller unerklärlich ist? Ein Wunder ist ein Wunder, und wenn man es rational fassen könnte, wäre es keines mehr! Da bleibt auch uns nur das Staunen, mehr nicht. Dies sollte beim Erzählen spürbar werden.

6. Erzählen Sie spannend!

Wie gesagt: Ein Wunder ist nichts Belangloses. Aber auch die Reaktionen darauf sind in den biblischen Geschichten oft überraschend. Viele Berichte lassen uns aufhorchen, wenn wir den

Inhalt ernst nehmen. Ungewöhnlich sind auch manche Gleichnisse, die teilweise auch von andern Kulturen überliefert werden. Solche Texte haben ihre Größe in sich und brauchen kein überbordend fantasievolles Ausschmücken, um ihre innere Dynamik zu entfalten. Am besten erzählen wir die Geschichten so, wie sie sich selbst erzählen. Man muss sie nicht zusätzlich spannend machen, aber man darf ihre eigene innere Kraft auch nicht abschwächen. Ein bewährtes Mittel dazu sind kleine Pausen zwischen den Sätzen, vor allem dort, wo man fast von selbst den Atem anhält, wenn man innerlich wirklich mitlebt.

7. Lassen Sie Reaktionen zu!

Die biblischen Geschichten enthalten alles, was die Menschen betrifft: Freude und Leid, Lust und Schmerz, Trost und Verzweiflung. Wenn wir den Kindern aus der Bibel erzählen, werden sie mit allen Facetten des Lebens konfrontiert. Das ist gut so. Von einer »Schonpädagogik«, die den Kindern beispielsweise die Leidensgeschichte Jesu vorenthält, ist abzuraten. Kinder nehmen vom ersten Atemzug an am Leben teil. Mögliche Schicksalsschläge nehmen niemals Rücksicht auf die Altersstufe. Wichtig ist es jedoch, Kindern in solchen Situationen mit aller Unterstützung beizustehen. Das gilt auch beim Erzählen von biblischen Geschichten: Das Kind darf fragen, weinen, Angst haben, wenn es ihm danach zumute ist. Wir lassen es nicht allein, umarmen es und helfen ihm, von Leidvollem nicht wegzusehen – in einer Geschichte nicht und erst recht nicht im wirklichen Leben.

8. Greifen Sie Spontanes auf!

Kinder können uns überraschen. Sie verbinden manchmal auf ihre Weise, was wir Erwachsenen nie in einen Zusammenhang bringen würden. Ihr Denken ist anders als unseres, das im Verlauf der Jahre bestimmte Ansichten ausgebildet hat. Reagieren Sie mit Interesse auf Zwischenrufe Ihres Kindes – mitten in der Erzählung. Es wäre nicht gut, seine Gedanken zu ignorieren. Denn sie können durchaus konstruktive Beiträge zu den biblischen Geschichten sein. Im Übrigen wissen wir ja, dass sich Kinder auf allen Ebenen weiterentwickeln und dass sich auch ihre Denkvorgänge laufend verändern. Spontane Äußerungen sind also nicht immer der Weisheit letzter Schluss, können aber gelegentlich als Ausgangspunkt für ein Gespräch genutzt werden, das Sie mit Ihrem Kind führen, ohne es belehren zu wollen. Hören Sie auf seine Sicht der Dinge, nehmen Sie seine Überlegungen ernst. Nicht selten können wir sogar als Erwachsene von den Kindern lernen, zu ursprünglichen Ansichten zurückzufinden oder Altbekanntes mit neuen Augen zu sehen.

9. Bleiben Sie dabei!

Nicht nur ein klingelndes Handy, auch andere Einflüsse können uns vom Erzählen ablenken. Lassen Sie sich so wenig wie möglich stören. Ihr Kind wird Sie dabei nachahmen, voll und ganz bei der Sache zu sein – oder eben nicht. Auch diesbezüglich wirken wir als Vorbild. Schade wäre es, wenn Kinder den Eindruck bekämen, eine Geschichte zu erzählen sei weniger wichtig als alles andere, was rundherum geschieht. Und was bestimmt einleuchtet: Wer sich innerlich aktiv am Geschehen beteiligt, wer mitlebt und sich betreffen lässt, wird äußere Störfaktoren viel weniger zulassen. Ist man von einer Sache völlig in Bann gezogen und vertieft sich ganz und gar darin, gibt man sie nicht schnell auf. Wahrscheinlich werden Sie auch erfahren, dass Ihr Kind mehr oder weniger konzentriert mithört – je nachdem, wie stark es sich von der Erzählung fesseln lässt.

10. Schließen Sie ab!

Jede Geschichte hat einen Anfang und ein Ende. Genauso wie der Beginn will auch der Schluss gestaltet sein. Ein abrupter Abbruch, fast mitten im letzten Satz, ist kein gutes Ende. Die Erzählungen in diesem Buch schließen jeweils mit einem praktischen Vorschlag, um die Geschichte gemeinsam mit dem Kind »nachklingen« zu lassen. Nicht jedes Mal werden Sie Zeit haben für eine solche Handlung. Immer aber werden Sie am Schluss einen Moment innehalten, das Buch schließen und dem Kind in die Augen schauen. Vielleicht will es noch etwas sagen, oder Sie beide schweigen eine Weile. Gutes Aufhören muss nicht aufwändig sein, aber es setzt gleichsam einen Punkt, der die Geschichte und das Zusammensein nach der Erzählung abrundet – wenn auch schlicht und einfach.

Erzählen durch das ganze Jahr

Wer Kindern eine biblische Geschichte erzählen will, muss zuerst eine auswählen. Das ist nicht ganz einfach. In diesem Buch werden viermal elf Erzählungen vorgeschlagen – verteilt auf die Jahreszeiten. Diese Auswahl und Zuordnung zu den Jahreszeiten ist nicht zwingend. Mit Ausnahme der Oster- und Weihnachtsgeschichten, die das jeweilige Fest betreffen, ist jede Erzählung zu jeder Zeit möglich. Es ist Ihnen überlassen, je nach Interesse einen Text auszusuchen. Jeder ist sozusagen eine Geschichte für sich, eine in sich geschlossene Einheit. Trotzdem werden da und dort Fortsetzungen deutlich, die Sie berücksichtigen können, aber nicht müssen. Am besten beginnen Sie bei den Sommergeschichten. Selbstverständlich kann man pro Jahreszeit beliebig viele Geschichten erzählen, vielleicht auch nur eine – oder alle. Empfehlenswert ist allerdings, immer nur eine zu erzählen, um sie auch wirklich aufzunehmen. Nicht die Quantität zählt, sondern die Qualität. So gilt auch hier die Regel, dass weniger mehr ist.

Der praktische Vorschlag am Schluss jeder Geschichte ist als Anregung gedacht, um beim jeweiligen Text noch einen Moment zu verweilen und ihn zusammen mit dem Kind zu vertiefen. Wenn Sie sich dafür Zeit nehmen, tun Sie damit nicht nur Ihrem Kind etwas Gutes, sondern auch sich selbst. Denn solche Übungen helfen, dem Gehalt der biblischen Berichte persönlich nachzuspüren und sie in ihrer Aussage auf sich wirken zu lassen.

Die folgenden Texte eignen sich zum Erzählen genauso gut wie zum direkten Vorlesen. Sie werden dabei kaum auf Formulierungen stoßen, die man erklären müsste; im Textverlauf werden sie von selbst verständlich. Wenn Sie sich für das Erzählen entscheiden, können Sie die Texte als Vorlage brauchen, die Sie mühelos in Ihre Mundart übersetzen. Im Übrigen ist es nicht nötig, den Texten etwas beizufügen. Sie sind nämlich – falls Sie sich ihnen zusammen mit Ihrem Kind von ganzem Herzen zuwenden – einfach großartig. Die eher karge Sprache lässt Raum für eigene Vorstellungen. Auch sind die Texte nur so weit bearbeitet, dass sie sich selbst verdeutlichen. Sie entfernen sich also nicht zu weit von der offiziellen »Einheitsübersetzung«, damit sie wieder erkennbar sind, wenn sie später in einem anderen Zusammenhang gehört oder gelesen werden.

Und noch etwas: Wundern Sie sich nicht, wenn Sie in diesen Geschichten von Unerwartetem überrascht werden. Die Bibel klammert nichts aus, was Menschen angeht, und sie berichtet nicht etwa nur von einer heilen Welt. Manchmal vergisst man, wie »menschlich« die Bibel spricht – auch von Neid, Verachtung und Rechthaberei. Ihnen und Ihren Kindern werden diese Situationen bekannt vorkommen, und Sie werden in diesen Geschichten erfahren, dass hinter allen menschlichen Unzulänglichkeiten eine große Hoffnung steht. Von Visionen wird erzählt, die sehr konkret sind und auf dieser Welt durchaus wahr werden können. Das ist das Besondere an der biblischen Botschaft, dass sie so befreiend ist, obwohl sie die Schattenseiten des Lebens nicht ausklammert. Lesen Sie selbst …

Biblische Frühlingsgeschichten

Im Frühling erfahren wir die Natur besonders eindrücklich: Nach der Winterstarre regt sich neues Leben. Wir beobachten in Feld und Wald, wie Bäume und Pflanzen aus dem Winterschlaf erwachen und sich dem Licht entgegenstrecken. Je härter der Winter war und je länger er dauerte, umso strahlender steht jeweils der Frühling vor der Tür: Kaum ist der Schnee geschmolzen, sprießen Krokusse und Primeln aus dem Boden. In dieser Zeit feiern wir Ostern – das Frühlingsfest par excellence. Die biblischen Auferstehungstexte, die diesem Fest zugrunde liegen, erzählen von einem unglaublichen Ereignis, das alle Fesseln des Todes sprengt. Nur drei Tage vorher steht der Karfreitag im Kalender und führt uns ein grausames Sterben vor Augen. So macht denn gerade der Frühling deutlich, dass das Leben dem Tod auf dem Fuß folgt – durchaus mit allem, was die Menschen betrifft: Nach Trauer und Ausweglosigkeit die neue Hoffnung wider alle Vernunft. Plötzlich ist pulsierendes Leben da, wo man nie damit gerechnet hätte. Die Bibel erzählt davon.

Hosanna!

NACH MATTHÄUS 21,1–11

Jesus war mit seinen Freunden unterwegs. Sie wollten nach Jerusalem gehen, in die Stadt, die weitherum bekannt war. Plötzlich sagte Jesus: »Ihr zwei da vorn, beeilt euch und geht voraus! Lauft ins nächste Dorf, dort findet ihr eine Eselin, die angebunden ist. Ein junges Fohlen ist auch noch dort. Bindet die Tiere los und bringt sie her! Wenn jemand nachfragt, sagt einfach, dass ich die Tiere brauche! Sagt aber auch, dass wir sie nicht behalten, wir bringen sie wieder zurück.«

Die beiden Freunde taten, was Jesus sagte. Sie liefen so schnell sie konnten, und tatsächlich: Sie fanden die Eselin und das Fohlen! Beide Tiere banden sie los und führten sie zu Jesus. Dann legten sie ihre Kleider auf die Eselin und Jesus setzte sich darauf. Die Leute kamen von allen Seiten. Sie standen am Straßenrand und breiteten ihre Kleider aus – überall auf dem Weg. Einige Frauen und Männer schnitten Äste von den Bäumen und legten sie auf den Boden. Es sah festlich aus. Die ganze Straße war geschmückt mit Zweigen und Stoffen. Jetzt kam Jesus geritten. Welch ein Anblick! Viele Menschen tanzten vor ihm her. Andere folgten ihm. Sie sangen Lieder. Sie freuten sich und jubelten laut: »Hosanna! Hosanna!«

Die Leute in der Stadt waren alle ganz aufgeregt. »Wer ist denn das? Was ist hier los?«, fragten einige.

»Das ist Jesus von Nazaret«, sagten andere. »Er ist der große Prophet, der sagen kann, was kommen wird.«

Wenn Sie Ihrem Kind diese Geschichte am Sonntag vor Ostern – am Palmsonntag – erzählen, können Sie mit ihm im Wald oder im Garten einen Zweig abschneiden und im Zimmer in eine Vase stellen. Er wird Sie beide eine Zeit lang an diese Geschichte erinnern.

Lasst die Frau!

NACH MATTHÄUS 26,6–13

Eines Tages war Jesus bei Simon zu Hause. Er saß bei ihm am Tisch. Auch seine Freunde waren dort. Während sie beim Essen waren, kam plötzlich eine Frau herein. Mit schnellem Schritt ging sie auf Jesus zu. In der Hand trug sie ein Gefäß mit feinem Öl darin. Es duftete wunderbar, denn das Öl war sehr kostbar.

Die Frau trat zu Jesus und goß von dem wunderbaren Öl auf sein Haar. Die Freunde sahen zu und waren ganz entsetzt.

»Was tut die denn? Ist diese Frau nicht ganz bei Trost?«

Die Freunde wurden böse. Welche Verschwendung! So ein teures Öl einfach zu vergießen – das tut man doch nicht! Dieses Öl würde man besser verkaufen. Dann könnte man das Geld den Armen geben!

Jesus wandte sich um und sah die finsteren Blicke der Freunde. Er merkte sofort, was sie dachten.

»Warum lasst ihr die Frau nicht in Ruhe?«, fragte er. »Sie tut mir etwas Gutes, wirklich, sie ist so liebevoll! Arme Leute habt ihr immer wieder in der Nähe. Aber mich – mich habt ihr nicht immer bei euch. Und überhaupt: Wenn die Frau das Öl über mich gießt, hat sie mich eigentlich schon für die Beerdigung bereit gemacht. Sie hat mich nämlich gesalbt, wie man die Toten salbt. Jetzt sage ich euch noch etwas Wichtiges: Überall auf der Welt, wo man von mir erzählt, wird man auch von dieser Frau erzählen. Man wird sich an sie erinnern. Denn die Menschen werden nicht so schnell vergessen, was sie mir Gutes getan hat.«

Vielleicht geben Sie Ihrem Kind im Anschluss an diese Erzählung ein feines Massageöl zu riechen. Welch zarter Duft! Sie können ihm damit Stirn, Arme und Hände einreiben – und vielleicht möchte es Ihnen ebenfalls auf diese Art seine liebevolle Zuwendung schenken.

Die Füße waschen

NACH JOHANNES 13,4–14

Jesus versammelte sich mit seinen Freunden zum Essen. Während sie sich an den Tisch setzten, stand er auf, legte sein Gewand ab und band sich ein großes Tuch um. Dann goss er Wasser in eine Schüssel, ging zu den Freunden zurück und fing an, ihnen die Füße zu waschen – einem nach dem andern. Und mit dem Tuch, das er sich umgebunden hatte, trocknete er jedem die Füße ab.

Petrus verstand nicht, was Jesus tat. Füße waschen? Das tun doch nur die Diener. Als Jesus zu ihm kam und er an der Reihe war, sagte er schnell: »Du willst mir die Füße waschen? Nein, nicht du!«

Doch Jesus antwortete: »Was ich tue, das verstehst du jetzt noch nicht. Aber später wirst du es begreifen.«

Aber Petrus war nicht einverstanden. »Nein«, sagte er, »niemals machst du das, niemals!«

Jesus sah ihn an. »Petrus«, sagte er, »wenn ich dich nicht wasche, gehörst du nicht richtig zu mir.« Jetzt stutzte Petrus – aber nicht lange. Sofort sagte er: »Ja dann! Dann wasch mir nicht nur die Füße, sondern auch die Hände und das Gesicht!«

Nachdem Jesus allen Freunden die Füße gewaschen hatte, legte er das Tuch ab und zog sein Gewand wieder an. Er setzte sich an den Tisch zurück und sagte: »Versteht ihr, was ich getan habe? Ihr sagt ›Meister‹ zu mir. Und ihr habt recht; ich bin nämlich euer Meister. Wenn nun ich, der Meister, euch die Füße wasche, dann müsst ihr genau dasselbe tun. Auch ihr sollt einander die Füße waschen!«

Wenn Sie jetzt ein Gefäß holen, es mit Wasser füllen und Ihrem Kind die Füße waschen, wird es diese Geschichte intensiv nachempfinden. Trocknen Sie seine Füße mit einem Tuch ab und lassen Sie es diesen Liebesdienst in vollen Zügen genießen.

Letztes Abendmahl

NACH MATTHÄUS 26,20–35

Als es Abend wurde, saß Jesus mit seinen Freunden am Tisch. Sie fingen an zu essen, und plötzlich sagte er: »Einer von euch wird mich verraten – das sage ich euch. Einer von euch wird es sein. Dieser wird sagen, wer ich bin, und dann kommen die Leute, um mich zu holen und zu töten.«

Da erschraken die Freunde sehr. Voller Angst schauten sie umher, und einer nach dem andern fragte: »Bin ich es? Sag, bin ich es?«

Jesus sagte: »Derjenige, der zusammen mit mir die Hand in die Schüssel getaucht hat, der ist es. Wehe ihm! Es wäre besser für ihn, er wäre nie zur Welt gekommen.«

Da fragte Judas: »Meister, sag, bin ich es? Kann das sein?«

»Ja, du bist es«, sagte Jesus, »genau du.«

Während sie noch aßen, nahm Jesus ein Stück Brot und sprach das Lobgebet. Er brach das Brot und gab es seinen Freunden. Er sagte: »Nehmt das Brot und esst davon. Das bin ich für euch, das ist mein Leib.«

Dann nahm er auch den Becher mit Wein. Er dankte Gott dafür und reichte ihn den Freunden. Er sagte: »Ihr alle, trinkt daraus. Das bin ich, das ist mein Blut.«

Und dann sagte er noch: »Von jetzt an werde ich nicht mehr von diesem Saft trinken, der aus den Trauben gemacht wird. Ich werde erst wieder mit euch trinken, wenn wir zusammen beim Vater im Himmel sind.«

Sie können bei Gelegenheit zusammen mit Ihrem Kind in aller Sorgfalt ein Stück Brot brechen und fragen, ob es sich an diese Geschichte erinnert. Lassen Sie Ihr Kind erzählen, was es noch weiß.

Schlaft ihr?

NACH MATTHÄUS 26,36–46

In der Gegend gab es einen Garten, der Getsemani hieß. Mit seinen Freunden ging Jesus dorthin und sagte: »Da, setzt euch hin und wartet. Ich gehe noch ein kleines Stück weiter, um zu beten.«

Nur Petrus und zwei andere Freunde nahm er mit sich. Plötzlich hatte Jesus Angst, große Angst, und er war sehr traurig. Zu den drei Freunden sagte er: »Mein Herz ist zu Tode betrübt. Bleibt bitte hier. Wacht mit mir!«

Er ging noch ein kleines Stück weiter. Dann warf er sich zu Boden.

»Mein Vater«, betete er, »wenn es nur möglich ist, dass das nicht geschehen muss, was jetzt geschieht! Lass es an mir vorübergehen. Bitte! Aber so wie du willst, soll es sein, nicht so, wie ich will.«

Nach einer Weile stand er auf und ging zu den drei Freunden zurück, die mit ihm gekommen waren. Da fand er sie – schlafend! Zu Petrus sagte er: »Was ist mit euch? Könnt ihr nicht einmal eine Stunde mit mir wach bleiben? Wachet und betet!«

Dann ging Jesus nochmals ein paar Schritte weiter weg und betete: »Vater, was geschehen muss, soll geschehen, wenn du es willst.«

Er stand auf und ging wieder zurück – und was sah er? Wieder waren die Freunde eingeschlafen. Die Augen waren ihnen einfach zugefallen.

Da ging Jesus zum dritten Mal ein bisschen weiter weg und betete wieder – genau wie vorhin, mit den gleichen Worten. Dann kehrte er zu den Freunden zurück und sagte: »Schlaft ihr immer noch? Tatsächlich, ihr ruht euch aus? Jetzt aber ist es Zeit, ich werde sterben. Kommt, steht auf, wir gehen. Der Freund, der mich verraten wird, ist auch schon da.«

Schlagen Sie Ihrem Kind vor, die Augen zu schließen, um sich den Garten Getsemani, Jesus und die schlafenden Jünger vorzustellen. Lassen Sie es sagen, was es innerlich »sieht« und »hört«.

Vom Leiden und Sterben

NACH MATTHÄUS 26,47–27,61

Es war spät am Abend. Judas kam daher. Und mit ihm eine ganze Horde von Männern mit Schwertern und Knüppeln. Er hatte mit ihnen ein Zeichen abgemacht: »Der, den ich küssen werde, der ist es! Den könnt ihr festnehmen!«

Sofort ging er auf Jesus zu und gab ihm einen Kuss.

Jesus sah Judas an und sagte: »Deswegen bist du also gekommen?«

Und schon ergriffen die Männer Jesus, fesselten ihn und führten ihn ab.

Man stellte Jesus vor einen wichtigen Mann, den Hohepriester. Viele Männer waren bei ihm versammelt. Sie wollten allerlei

Schlechtes über Jesus sagen. Sie schrien durcheinander. Jesus solle zum Tod verurteilt werden, sagten sie.

Aber es gab ja gar keinen Grund dafür.

Zuletzt kamen zwei Männer, die behaupteten: »Er hat gesagt: Ich kann das große Haus, den Tempel Gottes abreißen und in drei Tagen wieder aufbauen! Das hat er wirklich gesagt!«

Da stand der Hohepriester auf und fragte Jesus: »Willst du nichts sagen zu dem, was diese Leute gegen dich reden?«

Jesus aber schwieg.

Da sagte der Hohepriester: »Ich beschwöre dich, so sag uns doch: Bist du der Sohn von Gott?«

Jesus antwortete: »Ja, ich bin es.«

Da wurde der Hohepriester zornig. Er zerriss seine Kleider und schrie: »Habt ihr das gehört – er lästert Gott! Was sagt ihr jetzt?«

»Schuldig ist er«, schrien sie, »er soll sterben!«

Dann spuckten sie ihm ins Gesicht und schlugen ihn. Sie gaben ihm Ohrfeigen und spotteten: »So rat doch mal, wer dich geschlagen hat!«

Unterdessen saß Petrus draußen im Hof. Eine Magd kam auf ihn zu und sagte vor allen Leuten: »Du dort, du warst doch auch mit diesem Jesus zusammen, oder etwa nicht?«

Petrus bekam Angst. Er log und sagte: »Nein, nein, ich weiß nicht, von wem du redest.«

Gerade wollte er zum Tor hinaus, als ihn eine andere Magd sah. Sie sagte zu den andern, die dort herumstanden: »Der war mit Jesus zusammen!«

Wieder log Petrus. Er schwor sogar und sagte: »Ich kenne diesen Menschen nicht.«

Kurz darauf kamen noch viele andere und sagten: »Klar, du gehörst auch zu ihm, gib's doch zu!«

Petrus fluchte und schwor: »Nein, nein, ich kenne diesen Menschen nicht!«

Gleich darauf krähte der Hahn. Da erinnerte sich Petrus, dass Jesus einmal zu ihm gesagt hatte: »Ehe der Hahn kräht, wirst du mich dreimal verleugnen.«

Er ging hinaus und weinte bitterlich.

Und Judas? Plötzlich reute ihn, was er getan hatte. Er wollte das Geld den Männern zurückbringen, das er bekommen hatte, weil er Jesus verraten hatte.

»Ich habe Böses getan«, sagte er, »ich habe euch einen Unschuldigen verraten.«

Sie aber sagten: »Was geht uns das an? Das ist deine Sache!«

Da warf Judas das Geld in den Tempel und lief weg. Er wollte nicht mehr leben, er erhängte sich.

Jesus wurde dem Statthalter Pilatus vorgeführt. Weil ein Fest bevorstand, durfte das Volk einen Gefangenen auswählen, der freigelassen wurde. Damals war gerade ein Verbrecher im Gefängnis; er hieß Barabbas.

»Wen soll ich freilassen«, fragte Pilatus die Volksmenge, »Barabbas oder Jesus?«

»Barabbas!«, riefen die Leute, »Barabbas!«

»Was soll ich denn mit Jesus tun?«, fragte Pilatus.

Da schrien sie alle: »Ans Kreuz mit ihm!«

»Aber – was für ein Verbrechen hat er denn begangen?«, wollte Pilatus wissen.

Da schrien sie noch lauter: »Ans Kreuz mit ihm! Ans Kreuz mit ihm!«

Der Tumult wurde immer größer und Pilatus fragte nicht weiter. Den Dienern befahl er, Wasser zu bringen. Damit wusch er sich vor allen Leuten die Hände.

»Ich bin unschuldig«, sagte er, »es ist eure Sache, was ihr mit Jesus macht.«

Wieder schrien die Leute durcheinander, und Pilatus ließ Barabbas frei.

Die Soldaten von Pilatus packten Jesus, zogen ihn aus und legten ihm einen roten Mantel um. Sie flochten einen Kranz aus Dornen; den setzten sie ihm auf und gaben ihm einen Stock in die Hand.

Sie verspotteten ihn, fielen vor ihm auf die Knie und riefen: »Heil dir, du König!«

Und sie spuckten ihn an, nahmen ihm den Stock weg und schlugen ihn damit.

Dann führten sie ihn hinaus. Er musste das schwere Kreuz tragen, an das sie ihn schlagen wollten. Auf dem Weg trafen sie einen Mann, der Simon hieß. Ihn zwangen sie, für Jesus das Kreuz zu tragen, denn Jesus war schon sehr geschwächt. Endlich kamen sie auf Golgota an. Dort, auf diesem Berg, schlugen sie Jesus ans Kreuz.

Und plötzlich wurde es dunkel im ganzen Land – mitten am Nachmittag. Jesus schrie laut auf. Einer von den Männern, die ihn bewachten, tauchte einen Schwamm in Essig, steckte ihn an einen Stock und gab Jesus damit zu trinken. Noch einmal schrie er laut auf. Dann starb er.

Was geschah? Der Vorhang im Tempel zerriss von oben bis unten. Die Erde wankte. Es gab ein Erdbeben und die Felsen spalteten sich. Zu Tode erschrocken sagten die Soldaten: »Er war doch Gottes Sohn – wirklich, er war es.«

Ihr Kind wird im Anschluss an diese Geschichte sein spontanes Mitgefühl zum Ausdruck bringen. Lassen Sie es aussprechen, was es empfindet: den Schmerz, die Angst, die Gemeinheit. Unterstützen Sie es, indem auch Sie sagen, was Sie an dieser Leidensgeschichte bewegt.

Auferstanden!

NACH MARKUS 15,42–16,8

Im Land lebte ein vornehmer Ratsherr, der Jesus immer geachtet hatte. Mutig ging er zu Pilatus und fragte, ob er Jesus begraben dürfe, nachdem er am Kreuz gestorben war.

Zuerst wunderte sich Pilatus: »Was, Jesus ist schon tot?« Er wollte ganz sicher sein, erst dann überließ er dem Mann den Leichnam.

Der Ratsherr kaufte ein großes Leinentuch. Er nahm Jesus vom Kreuz ab und wickelte ihn in das Tuch ein. Dann legte er ihn in ein Grab, das in einen Fels gehauen war. Vor den Eingang wälzte er einen schweren Stein. Zwei Frauen sahen genau zu, was der Mann tat: Maria aus Magdala und eine andere Maria.

Sie kauften wohlriechende Öle, um Jesus zu salben. So war es damals üblich – man salbte die Toten. Dann machten sich die

Frauen auf den Weg zum Grab. Am ersten Tag der Woche kamen sie an. Es war früh am Morgen. Eben ging die Sonne auf. Unterwegs sagten sie zueinander: »Wer wird uns wohl den Stein wegwälzen, der vor dem Grab liegt? Er ist riesengroß!«

Doch als sie näher kamen, trauten sie ihren Augen nicht: Der Stein war weggewälzt. Tatsächlich: Der Stein war weg! Sie gingen ein paar Schritte in die Höhle hinein und sahen auf der rechten Seite einen jungen Mann sitzen. Er trug ein schneeweißes Gewand. Die Frauen erschraken fürchterlich. Wer ist denn das?

Jetzt fing der junge Mann sogar zu reden an. »Erschreckt nicht!«, sagte er, »ihr sucht doch Jesus, der ans Kreuz geschlagen wurde? Er ist nicht hier. Er ist auferstanden. Seht, da haben sie ihn hingelegt, hier an diesem Platz. Geht jetzt und sagt seinen Freunden, er sei ihnen vorausgegangen bis nach Galiläa. Dort werden sie ihn sehen. Sagt es vor allem Petrus, sagt es allen seinen Freunden!«

Aber die Frauen waren immer noch gepackt von Schrecken und Entsetzen. Sie verließen das Grab und rannten weg, so schnell sie konnten. Niemandem erzählten sie, was sie gesehen hatten. Denn sie hatten große Angst.

Vielleicht möchten Sie mit Ihrem Kind darüber »philosophieren«, wer wohl der Mann im weißen Gewand war: ein Engel, ein Prinz, ein Geist? Der biblische Bericht gibt keine weiteren Erklärungen. Stellen Sie sich zusammen mit Ihrem Kind das Ereignis vor und lassen Sie es fantasieren …

Bleib bei uns …

NACH LUKAS 24,13–35

Zwei Freunde waren auf dem Weg. Sie wollten nach Emmaus gehen, in ein kleines Dorf in der Nähe der Stadt Jerusalem. Sie sprachen miteinander über alles, was in letzter Zeit geschehen war. Während sie nebeneinander gingen und redeten, kam Jesus dazu und ging mit ihnen. Aber es war, als wären sie blind: Sie kannten ihn nicht.

Er fragte: »Was sind das für Dinge, über die ihr miteinander redet?«

Da blieben sie traurig stehen. Einer der beiden sagte: »Bist du so fremd hier, dass du nicht einmal weißt, was passiert ist? Du bist wohl der Einzige, der keine Ahnung hat, was in den letzten Tagen geschah?«

»Was denn?«, fragte er.

Die Freunde erklärten: »Das mit Jesus! Er war ein großer Mensch, ein Prophet. Er hat so viel Gutes getan. Aber die Hohepriester und die Regierung haben ihn zum Tod verurteilt. Ans Kreuz ließen sie ihn schlagen! Und wir haben doch so gehofft, er werde uns befreien und bei uns bleiben, damit es uns gut geht. Jetzt aber ist er tot. Schon seit drei Tagen. Und noch etwas: Ein paar Frauen waren am Grab, früh am Morgen. Sie kamen ganz aufgeregt zurück, denn sie fanden den toten Jesus nicht. Als sie zurückkamen, erzählten sie, es seien ihnen Engel erschienen, die gesagt hätten, er lebe. So etwas! Einige von uns gingen dann auch zum Grab und sahen, dass es leer war, genau wie es die Frauen sagten. Jesus selbst aber sahen sie nicht.«

Da sagte er zu ihnen: »Begreift ihr denn gar nichts? Wie schwer fällt es euch, zu glauben!«

Und er erklärte den beiden vieles, was in den alten heiligen Büchern steht. So erreichten sie das Dorf, zu dem sie unterwegs waren. Jesus tat, als wolle er weitergehen. Aber sie wollten nicht, dass er von ihnen wegging, und sagten: »Bleib doch bei uns, denn es will Abend werden, und der Tag hat sich schon geneigt.«

Also blieb er. Und als er sich mit ihnen an den Tisch setzte, nahm er das Brot, sprach ein Lobgebet, brach es entzwei und gab es ihnen. Da gingen ihnen die Augen auf, und sie erkannten ihn. Sofort verschwand er; und sie sahen ihn nicht mehr. Da sagten sie zueinander: »Brannte nicht unser Herz, als er unterwegs mit uns redete und uns so vieles erklärte?«

Noch am gleichen Abend brachen sie auf und eilten nach Jerusalem zurück. Dort waren die andern Freunde versammelt. Diese sagten: »Jesus ist auferstanden, wirklich, der Simon hat ihn gesehen!«

Da erzählten die beiden, was sie unterwegs erlebt hatten und wie sie Jesus erkannten, als er das Brot brach.

Singen Sie Ihrem Kind vor dem Einschlafen das bekannte Kanonlied vor: »Herr, bleibe bei uns, denn es will Abend werden, und der Tag hat sich geneiget!« Es wird dabei mitempfinden, was die beiden Freunde erfahren haben. Sollten Sie die Melodie nicht kennen, erfinden Sie eine eigene.

Kanon: Herr, bleibe bei uns

Text: Lukas 24,29
Melodie: Albert Thate 1935; © Bärenreiter-Verlag, Kassel

Ein Freund zweifelt

NACH JOHANNES 20,19–29

Eines Abends schlossen sich die Freunde ein. Sie machten alle Türen zu, denn sie hatten Angst. Aber plötzlich war Jesus mitten unter ihnen und sagte: »Friede sei mit euch!«

Er zeigte ihnen seine Hände und seine Seite. Da freuten sich alle, weil sie ihn sehen konnten. Und er sagte noch einmal: »Der Friede sei mit euch!«

Thomas war aber nicht dabei. Sie erzählten ihm deshalb, dass sie Jesus gesehen hatten. Aber Thomas meinte: »Wenn ich seine Hände nicht sehe und die Narben dort, wo sie ihn mit Nägeln ans Kreuz geschlagen haben, dann glaube ich das nicht! Wenn ich meine Finger nicht in seine Wunden legen kann, nein, dann glaube ich nicht!«

Eine Woche später waren die Freunde wieder versammelt. Diesmal war Thomas auch dabei. Wieder waren die Türen abgeschlossen. Da kam Jesus, trat in ihre Mitte und sagte: »Friede sei mit euch!«

Und zu Thomas sagte er: »Du, streck deinen Finger aus – schau, hier sind meine Hände! Streck deine Hand aus und leg sie da hin an meine Seite. Und glaub jetzt!«

Thomas sagte: »Mein Gott!«

»Du glaubst nur, weil du mich gesehen hast«, sagte Jesus zu ihm, »aber wirklich glücklich sind jene Menschen, die nicht sehen und trotzdem glauben.«

Lassen Sie Ihr Kind an den eigenen Händen und Füßen zeigen, wo die Wundmale waren, die Thomas berühren konnte, bis er überzeugt war, dass Jesus wieder lebt.

Was steht ihr da ...?

NACH APOSTELGESCHICHTE 1,3.9–14

Nun waren schon vierzig Tage vergangen, seit Jesus gestorben und vom Grab auferstanden war. Die Freunde wussten: Er lebt. Immer wieder kam er zu ihnen, redete mit ihnen – und verschwand wieder.

Eines Tages waren sie mit ihm auf einem Berg.

»Ich lasse euch nicht allein«, sagte er, »bestimmt nicht. Der heilige Geist wird zu euch kommen. Er wird euch Kraft geben für alles.«

Und kaum hatte er fertig gesprochen, wurde er vor ihren Augen in die Höhe gehoben. Eine Wolke kam, und er verschwand darin.

Dann sahen sie ihn nicht mehr. Immer noch schauten sie hinauf, aber er war weg.

Plötzlich standen zwei Männer da, in weißen Kleidern. Sie sagten zu den Freunden: »Was steht ihr da und schaut zum Himmel? Dieser Jesus, der von euch fortging, ist nicht für immer fort. Er kommt wieder. Genau so, wie er zum Himmel ging, wird er zurückkommen.«

Da stiegen die Freunde vom Berg hinunter und kehrten nach Jerusalem zurück. Als sie in die Stadt kamen, gingen sie in ihr

Haus, wo sie von nun an beisammen wohnten: Petrus und Johannes, Jakobus und Andreas, Philippus und Thomas, Bartholomäus und Matthäus und die anderen Freunde. Dort lebten sie zusammen mit ihren Frauen und auch mit Maria, der Mutter von Jesus, und mit seinen Geschwistern.

Gehen Sie mit Ihrem Kind ans Fenster und schauen Sie mit ihm zum Himmel hinauf. Erinnern Sie Ihr Kind an die Freunde, die lernen mussten, dass Jesus weit weg und trotzdem ganz nahe ist. Mit einer passenden Gebärde können Sie dies deutlich machen: weit weg – ganz nahe.

Pfingsten

NACH APOSTELGESCHICHTE 2,1–13

Am Pfingstfest waren die Freunde in der Stadt Jerusalem – alle miteinander am gleichen Ort. Plötzlich kam vom Himmel her ein Brausen. Es war, wie wenn ein gewaltiger Sturm daherkäme. Er rüttelte und tobte.

Der Sturm fuhr durch das ganze Haus, in dem sie versammelt waren. Und sie sahen Zungen wie aus Feuer. Über jedem von ihnen ließ sich eine Feuerzunge nieder. Alle waren von kräftigem Geist erfüllt – von heiligem Geist. Und sie fingen an, in allen Sprachen zu reden – in fremden Sprachen, die sie noch nie sprechen konnten.

Als die Leute in der Stadt das Getöse hörten, strömten sie zusammen. Eine große Menge kam zum Haus, in dem die Freunde versammelt waren. Die Leute waren bestürzt, denn sie hörten sie

in allen Sprachen reden. Viele Fremde waren in der Stadt. Aber alle verstanden sie in der eigenen Sprache.

Die Menschen kamen aus dem Staunen nicht heraus. »Wie ist das möglich? Sind das nicht alles Galiläer, die da reden? Wieso kann sie jeder in seiner Muttersprache hören? Alle verstehen, was sie sagen: Leute aus Mesopotamien, Judäa und Kappadozien, aus Ägypten und Libyen und aus vielen anderen Ländern! Auch wir Römer, Kreter und Araber – wir Männer und Frauen von überall her, wir alle hören sie in unserer Sprache reden. Sie erzählen von Jesus, von seinen großen Taten.

Es war ein großes Erstaunen unter den Menschen, die von überall her gekommen waren. Alle waren außer sich. Einige sagten: »Was hat das zu bedeuten?« Andere spotteten: »Die sind wohl betrunken! Sie hatten zu viel Wein.«

Lassen Sie Ihr Kind den Tumult zum Ausdruck bringen, der entstand. Alle waren außer sich! Alle reden, alle hören, alle verstehen! Ihr Kind wird gern das große Erstaunen nachspielen, das Fragen und Spotten der Leute, die von überall her zusammenliefen …

Biblische Sommergeschichten

Der Sommer ist die wärmste Jahreszeit. Die Sonne steht hoch und versetzt die meisten Menschen in gute Stimmung. Wir genießen die langen Tage, fahren vielleicht in Urlaub oder gönnen uns zu Hause eine Auszeit, in der wir uns erholen und neue Kräfte sammeln. Wir feiern ein Gartenfest, wandern in die Berge, schwimmen im See oder laufen mit bloßen Füßen über eine Wiese. Im Sommer ist es uns am besten möglich, der Natur hautnah zu sein und uns inniger als sonst mit ihr zu verbinden.

Entsprechend geweckt sind unsere Lebensgeister: Viele Menschen sind im Sommer besonders tatenfroh und unternehmungslustig. Davon erzählt auch die Bibel: Man lebt im Freien, Jesus ist mit seinen Freunden unterwegs, er steigt in ein Boot und fährt mit ihnen über den See. Die großen Wundertaten, von denen berichtet wird, spielen sich in einem Land ab, in dem der Sommer fast kein Ende hat: unter freiem Himmel, am helllichten Tag, auf der Straße oder auf dem Wasser, am Ufer oder vor dem Stadttor.

Die Hochzeit

NACH JOHANNES 2,1–12

Jesus und seine Freunde waren zu einer Hochzeit eingeladen. Auch Maria, die Mutter von Jesus, war dabei. Es war ein herrliches Fest. Die Gäste waren glücklich. Man aß und trank.

Doch plötzlich wurde kein Wein mehr nachgeschenkt. Maria ging zu Jesus und sagte: »Du, sie haben keinen Wein mehr.«

Er erwiderte kurz: »Frau, was willst du von mir? Meine Stunde ist noch nicht gekommen.«

Maria hörte das, ging zu den Dienern, um ihnen zu sagen: »Wenn er euch etwas sagt, dann tut es!«

Es standen sechs riesige Wasserkrüge dort – alle aus Stein. Jeder fasste etwa hundert Liter. Jesus ging jetzt zu den Dienern.

»Füllt diese Krüge mit Wasser!«, sagte er.

Und sie füllten die großen Gefäße bis zum Rand.

»Nun schöpft daraus«, sagte er weiter, »und bringt es dem, der für das Festessen verantwortlich ist.«

Die Diener brachten es dem Mann. Er kostete das Wasser – und sah die Diener an: »Das ist ja Wein – woher kommt denn der?«

Er hatte keine Ahnung, er wusste es nicht. Die Diener aber wussten es; sie hatten ja das Wasser geschöpft.

Da ließ der Mann den Bräutigam rufen und sagte verärgert: »Was fällt dir ein? Du hast den besseren Wein bis zuletzt gespart! Jeder schenkt doch zuerst den guten Wein aus; erst wenn die Gäste zu viel getrunken haben, holt man den schlechteren.«

So tat Jesus sein erstes Zeichen, das die Menschen zum Staunen brachte. Es war in Kana in Galiläa. Seine Freunde bewunderten ihn; er war einfach großartig. Nach dem Hochzeitsfest zog er mit seiner Mutter, seinen Brüdern und Freunden nach Kafarnaum hinab. Dort blieben sie einige Zeit.

Spielt Ihr Kind gern Theater? Dann mag es vielleicht diese Hochzeit darstellen. Machen Sie mit und lassen Sie sich von ihm eine Rolle geben. Möglicherweise sind Sie ein Diener, Maria oder der Bräutigam. Wen braucht es sonst noch, und welche Rolle hat Ihr Kind? Jedenfalls übernimmt es die Regie. Es kann losgehen!

Der reiche Fischfang

NACH LUKAS 5,1–10

Es war am See Gennesaret. Jesus stand am Ufer. Viele Leute kamen – Frauen, Kinder und Männer. Welch ein Gedränge! Alle wollten Jesus sehen und hören. Das war fast nicht möglich.

Da blickte sich Jesus um und sah zwei Boote am Ufer liegen. Die Fischer waren ausgestiegen und wuschen ihre Netze. Jesus stieg in eines der Boote. Es gehörte dem Simon. Jesus bat ihn, ein Stück weit vom Land wegzufahren. So konnten ihn die Menschen viel besser sehen: Jesus saß im Schiff und lehrte von dort aus.

Als er fertig geredet hatte, sagte er zu Simon: »Du, fahr hinaus auf den See! Dort kannst du dann die Netze auswerfen und Fische fangen.«

Simon schüttelte den Kopf, denn tagsüber fängt man ja kaum einen Fisch. »Meister«, sagte er, »wir haben schon die ganze Nacht

gefischt und nichts gefangen. Und jetzt ist es Tag ... Doch, wenn du es sagst, kann ich ja die Netze auswerfen.«

Das taten sie. Sie warfen die Netze aus, am hellen Tag, obwohl sie als erfahrene Fischer dachten, es sei bestimmt umsonst. Und was geschah? Sie fingen eine ganze Menge Fische. Es waren so viele, dass sie Angst hatten, die Netze könnten zerreißen. Darum winkten sie ein anderes Boot herbei.

»Kommt, helft uns!«, riefen sie den anderen Fischern zu.

Die kamen sofort. Gemeinsam füllten sie beide Boote bis zum Rand mit Fischen. Beinahe gingen sie unter.

Simon traute seinen Augen nicht. Als er sah, was geschehen war, fiel er Jesus regelrecht zu Füßen.

»Geh weg von mir«, sagte er, »ich bin ja nur ein Sünder!«

Er und alle seine Gefährten waren erstaunt und erschrocken. So viele Fische – das hatte es noch nie gegeben. Auch Jakobus und Johannes, die mit Simon zusammenarbeiteten, konnten es kaum glauben.

Schlagen Sie Ihrem Kind vor, die beiden Boote zu zeichnen, die übervoll waren von Fischen – so voll, dass sie beinahe kenterten. Vielleicht möchte es auch die erstaunten Gesichter von Simon und seinen Gefährten malen, die kaum glauben konnten, was geschehen war.

Gebt ihnen zu essen!

NACH MARKUS 6,30–44

Eines Tages versammelten sich die Freunde bei Jesus. Es gab viel zu erzählen. Sie wollten ihm berichten, was sie alles getan und erlebt hatten.

»Kommt mit an einen Ort, an dem wir ungestört sind«, sagte Jesus, »ruht euch ein wenig aus!«

Denn er und die Freunde fanden nicht einmal Zeit zum Essen, weil so viele Leute um sie herum waren, die kamen und gingen.

Sie fuhren also mit dem Boot über den See in eine einsame Gegend, um dort allein zu sein. Aber die Leute sahen sie wegfahren, und viele hörten, wohin sie gehen wollten. Schnell liefen sie aus allen Städten und Dörfern hin und kamen noch vor ihnen dort an.

Als Jesus aus dem Boot stieg und die vielen Menschen sah, hatte er Mitleid mit ihnen. Wie Schafe kamen sie ihm vor, die keinen Hirten hatten. Und so redete er wieder zu ihnen; er lehrte sie lange.

Gegen Abend wurden die Freunde ungeduldig. Sie sagten: »Wir sind hier an einem abgelegenen Ort und es ist wirklich schon spät. Schick doch jetzt endlich die Leute fort, damit sie in die nächsten Dörfer gehen, um sich etwas zu essen zu kaufen.«

Jesus antwortete: »Gebt ihr ihnen doch zu essen!«

Die Freunde murrten und sagten: »Sollen wir etwa so viel Brot einkaufen mit unserem Geld und es allen einfach geben? Meinst du wirklich, dass wir für alle das Essen kaufen können?«

Er fragte: »Wie viele Brote habt ihr denn? Geht hin und schaut nach!«

Nach einer Weile kamen sie zurück und sagten: »Fünf Brote und zwei Fische – mehr nicht!«

Da befahl Jesus den Freunden, sie sollten die Leute einladen, sich ins grüne Gras zu setzen. Das taten sie; in Gruppen von hundert Menschen und Gruppen von fünfzig Menschen saßen sie auf der Wiese.

Da nahm Jesus die fünf Brote und die zwei Fische, blickte zum Himmel hinauf und sprach den Lobpreis. Dann brach er die Brote, gab sie den Freunden und sagte, sie sollten sie an die Menschen verteilen. Auch die zwei Fische gab er ihnen, und sie teilten sie den Leuten aus. Und alle aßen. Und alle wurden satt.

Es waren fünftausend Männer, dazu noch ihre Frauen und Kinder, die gegessen hatten. Zuletzt sammelten die Freunde ein, was übrig blieb. Zwölf Körbe wurden voll mit Resten von Brot und Fisch.

Mit Steinen, Murmeln oder Klötzen kann Ihr Kind »fünf Brote« und »zwei Fische« auf den Tisch legen. Stellen Sie sich gemeinsam vor, dass davon fünftausend Männer samt Frauen und Kindern satt wurden, und nachher noch zwölf Körbe mit Resten eingesammelt wurden.

Der sinkende Petrus

NACH MATTHÄUS 14,22–33

Jesus war mit seinen Freunden am See – aber nicht allein! Viele saßen mit ihnen am Ufer, Tausende von Menschen: Frauen, Männer und Kinder. So war es oft: Wohin Jesus auch ging – überall kamen die Leute in Scharen. Sie wollten ihn sehen. Sie wollten ihn hören. Jetzt wurde es Abend, bald ging die Sonne unter. Und immer noch waren die Menschen hier.

Wahrscheinlich wären die Freunde gern wieder einmal mit Jesus allein gewesen. Er merkte es wohl und sagte: »Steigt doch ins Boot und fahrt hinaus auf den See. Ich komme später nach.«

Sie stiegen ein und er versuchte unterdessen, die Leute wegzuschicken. »Geht nach Hause«, sagte er, »es ist schon spät.«

Viele kamen ja von weit her und mussten stundenlang gehen, bis sie wieder zu Hause waren.

Endlich standen die Leute auf, packten ihre Sachen zusammen und machten sich auf den Heimweg. Nur Jesus stand noch da. Die Freunde waren auf dem Boot schon weit vom Ufer weg. Und er?

Er drehte sich um und stieg auf einen Berg – ganz allein. Weit und breit war niemand zu sehen. Er setzte sich hin und fing an zu beten. Lange blieb er sitzen. Spät am Abend, als es ganz dunkel war, saß er immer noch dort.

Unterdessen schwamm das kleine Schiff über den See. Stockfinster war es und der Wind fing an zu blasen. Große Wellen schlugen ans Boot. Es schaukelte hin und her. Ob die Freunde Angst hatten?

Plötzlich schauten sie auf. Was war das? »Da kommt einer! Nein, es darf nicht wahr sein – einer kommt über den See. Aber auf dem Wasser kann doch niemand gehen? Doch, da ist einer!«

Vor Schrecken brachten die Freunde kein Wort heraus. Doch dann schrien sie laut: »Ein Gespenst! Ein Gespenst auf dem Wasser!«

Aber es war kein Gespenst. Was denn? – Es war Jesus. Nur merkten es die Freunde nicht. Erst als er näher kam und mit ihnen redete, erkannten sie ihn.

»Ich bin es«, rief er, »habt keine Angst!«

Sie schauten ihn sprachlos an. Doch Petrus, einer von ihnen, rief sofort: »Lass mich zu dir, ich will auch auf dem Wasser gehen!«

»So komm schon«, sagte Jesus.

Petrus stieg aus und stand mit beiden Füßen auf dem See. Das Wasser trug. Mit schnellem Schritt ging er auf Jesus zu. Aber plötzlich spürte er den Sturm und den Wind. Er fürchtete sich und sank ein.

»Hilf mir!«, schrie er. »Rette mich!«

Schnell streckte Jesus die Hand aus, um ihn zu fassen.

»Ach was«, sagte er, »glaubst du denn, ich lasse dich ertrinken? Bestimmt nicht! Du musst nicht gleich Angst haben.«

Jesus und Petrus stiegen ins Boot zu den andern. Dann wurden alle ruhig, auch der Wind war still. Die Freunde bewunderten Jesus. »Du bist einfach großartig«, sagten sie.

Streichen Sie Ihrem Kind liebevoll über den Kopf. Lassen Sie es das Vertrauen spüren, von dem diese Geschichte erzählt. Vielleicht sagen Sie ihm mit Ihren eigenen Worten, dass Sie da sind und dass es keine Angst haben muss.

Ein Lahmer kann gehen

NACH MARKUS 2,1–12

Als Jesus eines Tages nach Kafarnaum zurückkehrte, sprach sich bald herum, dass er wieder zu Hause war. Und es versammelten sich so viele Menschen, dass nicht einmal mehr vor der Tür Platz war. Er redete zu ihnen und die Leute hörten mit offenen Ohren zu.

Da brachte man einen gelähmten Mann zu ihm. Er wurde von vier Männern getragen. Aber weil so viele Leute um das Haus herumstanden, konnten sie den Gelähmten nicht zu Jesus zu bringen. Deshalb kletterten sie auf das Hausdach. Sie deckten es ab und schlugen die Decke durch. Dann ließen sie den gelähmten Mann auf der Bahre durch die Öffnung hinunter. Er landete genau dort, wo Jesus stand.

Jesus sah, dass es ihnen ernst war, und er sagte zum Gelähmten: »Mein Sohn, alles ist gut, deine Sünden sind dir vergeben.«

Ein paar kluge Männer, die sich auskannten in der heiligen Schrift, dachten im Stillen: Wie kann er so reden? Das darf er doch nicht sagen! Wer kann Sünden vergeben außer Gott?

Jesus merkte sofort, was sie dachten, und fragte: »Was

sind das für Gedanken in eurem Herzen? Ist es etwa leichter, einem Gelähmten zu sagen: Deine Sünden sind dir vergeben! oder: Steh auf, nimm deine Tragbahre und geh umher?«

Dann wandte er sich dem Gelähmten zu und sah ihn an. »Ich sage dir«, sprach er, »steh auf, nimm deine Bahre und geh nach Hause!«

Der Mann stand sofort auf, nahm seine Tragbahre und ging weg – vor allen Leuten. Alle sahen es und gerieten außer sich. Sie fingen an, Gott zu loben. Und sie sagten zueinander: »So etwas haben wir noch nie gesehen.«

Ermuntern Sie Ihr Kind, zu spielen, was dem Gelähmten geschah. Es kann sich regungslos hinlegen wie der lahme Mann – unfähig, sich zu bewegen. Plötzlich kann es aufstehen, gehen und springen wie der Gelähmte, der geheilt ist.

Weine nicht!

NACH LUKAS 7,11–17

Damals ging Jesus in eine Stadt. Sie hieß Naïn. Auch seine Freunde gingen mit ihm. Und wieder liefen ihnen viele, viele Menschen nach, die sehen und hören wollten, was Jesus tat.

Als sie zum Stadttor kamen, trug man gerade einen Toten hinaus. Wer war es? Der einzige Sohn seiner Mutter! Und sie war Witwe – eine Frau, die fast alles verloren hatte. Viele Leute aus der Stadt begleiteten die weinende Frau. Sie war sehr traurig.

Als Jesus sie sah, hatte er Mitleid. Er sagte zu ihr: »Du, weine nicht!«

Er ging zur Bahre und berührte sie. Die Träger blieben stehen, und Jesus sagte: »Ich befehle dir, junger Mann: Steh auf!«

Da geschah es: Der Tote richtete sich auf – und fing an zu sprechen. Jesus gab ihn seiner Mutter zurück. Alle, die es sahen,

wurden still und fürchteten sich. Und sogleich fingen die Leute an, Gott zu loben.

»Ein großer Prophet ist unter uns«, jubelten sie. »Gott lässt sein Volk nicht im Stich, er ist mit uns allen!«

Die Leute erzählten in der ganzen Gegend herum, was geschehen war. Überall hörte man davon.

Bitten Sie Ihr Kind, Ihnen diese Geschichte nochmals zu erzählen. Hören Sie aufmerksam zu und freuen Sie sich darüber, dass Ihr Kind dieses eindrückliche Geschehen mit seinen eigenen Worten wiedergeben kann.

Den ersten Stein werfen

NACH JOHANNES 8,3–11

Eines Tages brachten gelehrte Männer eine Frau zu Jesus.

»Sieh mal an, diese da! Sie hat Böses getan. Wir haben es gesehen. Wir haben sie auf frischer Tat ertappt!«

Sie stellten die Frau in die Mitte und riefen: »Wir kennen das Gesetz. Wer Böses tut wie sie, den muss man töten. Mit Steinen muss man auf sie werfen, bis sie tot ist. So steht es im Gesetz, und dem Gesetz muss man gehorchen. So, was sagst du jetzt?«

Die Gelehrten wollten Jesus auf die Probe stellen. Denn sie suchten schon lange einen Grund, um ihn zu verklagen.

Jesus bückte sich und schrieb mit dem Finger auf die Erde. Die gelehrten Männer ließen nicht locker. Sie kannten das Gesetz genau. Wer sich nicht daran hielt, den konnte man verurteilen. Das ist gerecht, dachten sie. Davon waren sie überzeugt.

Also fragten sie nochmals: »Was sagst du dazu?«

Jesus richtete sich auf und schaute die Männer an. Dann sagte er: »Wer von euch noch nie etwas falsch gemacht hat, der werfe den ersten Stein!«

Und wieder bückte er sich und schrieb mit dem Finger auf die Erde.

Als die Männer seine Antwort hörten, waren sie ganz verblüfft. Jetzt ging einer nach dem andern davon. Zuletzt stand nur noch die Frau da – ganz allein. Jesus stand auf und blickte sich um.

»Wo sind die Männer?«, fragte er. »Hat dich keiner verurteilt?«

»Nein«, sagte sie, »kein Einziger.«

Jesus sprach: »Ich verurteile dich auch nicht. Geh hin, und mach das Böse nicht mehr.«

Freuen Sie sich mit Ihrem Kind über den Ausgang der Geschichte. Lassen Sie Ihr Kind fantasieren, wie sich die Frau jetzt fühlt, was sie von Jesus hält, was sie ihm vielleicht sagt …

Was soll ich dir tun?

NACH MARKUS 10,46–52

Jesus kam mit seinen Freunden nach Jericho, in eine Stadt in der Nähe von Jerusalem. Auch hier war eine große Menschenmenge. Überall, wo Jesus war, kamen die Leute in Scharen zusammen.

Als Jesus mit seinen Freunden wieder zur Stadt hinausgehen wollte, saß am Straßenrand ein blinder Bettler. Man kannte ihn; er hieß Bartimäus. Sehen konnte er natürlich nichts, aber er hörte, dass Jesus vorbeikam. Da fing er laut zu rufen an: »Jesus«, schrie er, »hab Erbarmen! Hab Erbarmen mit mir!«

Viele Leute wurden böse. Sie ärgerten sich, weil Bartimäus so laut schrie, und befahlen ihm, er solle schweigen. Er aber schrie noch viel lauter: »Hab Erbarmen!«

Jesus blieb stehen. »Ruft ihn her!«, sagte er zu den Leuten.

Einige rannten auf Bartimäus zu und sagten: »Du, er ruft dich! So steh doch auf. Sei mutig und geh zu ihm.«

Bartimäus sprang sofort auf. Den Bettelmantel warf er weit weg und lief schnell auf Jesus zu.

Jesus fragte: »Was soll ich dir tun?«

Der Blinde antwortete: »Ich möchte wieder sehen können – ich möchte wieder sehen!«

Und Jesus sagte: »Geh! Dein Glaube hat dir geholfen.«

Tatsächlich: Im gleichen Augenblick konnte Bartimäus sehen: die Menschen, die Häuser, die Straße. Er war nicht mehr blind. Er sah.

Und er ging Jesus nach, er folgte ihm auf dem Weg.

Halten Sie Ihrem Kind die Hand über die Augen, um die Blindheit von Bartimäus nachzuempfinden. Es kann aufzählen, was es alles nicht mehr sieht. Erinnern Sie es daran, dass es für den Blinden immer nur dunkel ist. Nehmen Sie plötzlich die Hände von den Augen Ihres Kindes weg – und lassen Sie es erzählen, was es jetzt wieder sieht …

Öffne dich!

NACH MARKUS 7,31–37

Eines Tages kam Jesus in seine Heimat, nach Galiläa. Da brachten Leute einen Mann zu ihm, der weder sprechen noch hören konnte. Er war taubstumm. »Berühre ihn«, sagten die Leute, »wir bitten dich.«

Da nahm ihn Jesus beiseite, weg von den vielen Menschen, die zuschauen wollten. Dann legte er dem Mann die Finger in die Ohren. Und er berührte die Zunge des Mannes mit Speichel. Jetzt blickte Jesus hinauf zum Himmel und seufzte. Dann schaute er den tauben, stummen Mann wieder an und sagte: »Effata!« Das heißt: »Öffne dich.«

Und so war es: Sogleich öffneten sich seine Ohren und er konnte hören. Und seine Zunge wurde plötzlich frei, als wäre sie vorher gefesselt gewesen. Der Mann konnte richtig reden. Jesus aber verbot ihm und den anderen Leuten, jemandem davon zu erzählen.

Doch je mehr er ihnen verbot, es zu erzählen, desto mehr erzählten sie es überall. Im ganzen Land wurde bekannt, dass Jesus den taubstummen Mann geheilt hatte. Die Leute waren außer sich vor Staunen. Sie sagten: »Er hat alles gut gemacht! Alles, alles! Er macht sogar, dass die Tauben hören und die Stummen sprechen.«

Laden Sie Ihr Kind ein, das Geschehen nachzuspielen. Vielleicht will es Ihnen die Finger in die Ohren legen und das Wort wiederholen, das den Taubstummen zum Reden und Hören brachte: »Effata – öffne dich!«

Mädchen, steh auf!

NACH MARKUS 5,21–24

Jesus fuhr mit dem Boot ans andere Ufer hinüber, und wieder versammelten sich viele Leute um ihn. Während er noch am See war, kam Jairus zu ihm. Er war ein angesehener Mann. Als er Jesus sah, verneigte er sich tief und flehte ihn an: »Bitte, komm! Meine Tochter liegt im Sterben. Komm und leg ihr die Hände auf, damit sie gesund wird. Bitte, lass sie leben!«

Da ging Jesus mit ihm.

Aber es waren ja so viele Menschen da. Das Gedränge war groß. Alle wollten Jesus sehen, ihm etwas sagen, ihn um Hilfe bitten. Während Jesus sich um einzelne Menschen kümmerte, kamen Leute herbeigerannt, die im Haus von Jairus wohnten. Sie sagten: »Jairus, deine Tochter ist gestorben. Du musst Jesus nicht mehr länger bitten. Lass ihn, es ist jetzt nichts mehr zu machen.«

Jesus hörte, was die Leute sagten. Er wandte sich zu Jairus um und sagte: »Hab keine Angst, glaube nur!«

Und er ging mit ihm nach Hause. Nur Petrus, Jakobus und Johannes ließ er mitkommen, alle andern mussten draußen bleiben.

Welch ein Lärm! Man hörte schon vor dem Haus, wie die Leute drinnen weinten und jammerten. Jesus trat ein und fragte: »Was schreit ihr so? Warum weint ihr denn? Das Kind ist gar nicht gestorben; es schläft nur.«

Da lachten sie alle. Ja, sie lachten ihn richtig aus.

Nun schickte Jesus alle weg: »Geht! Geht hinaus!«

Nur die Freunde, die ihn begleiteten, und die Eltern des Mädchens durften mit ins Zimmer kommen. Da lag es. Er trat näher und ging zu ihm hin. Dann fasste er es an der Hand. »Talita kum!«, sagte er. Das heißt: »Mädchen, steh auf!«

Und das geschah wirklich: Das Mädchen stand auf und ging im Zimmer umher. Es war zwölf Jahre alt.

Da waren die Leute entsetzt. »Was ist hier los? Was ist passiert?«, riefen sie durcheinander. »Es kann gar nicht sein, dass das Mädchen lebt; es war doch tot. Wirklich, es war tot!«

Jesus schärfte ihnen ein, niemandem zu sagen, was geschehen war. Sie sollten das Wunder für sich behalten.

Und dann sagte er: »Gebt jetzt dem Mädchen etwas zu essen.«

Lassen Sie Ihr Kind das zentrale Wort wie ein kleines Geheimnis empfinden: »Talita kum!«, das klingt wie ein Zauberspruch, und Sie wissen beide, was er bedeutet. Lassen Sie Ihr Kind dazu hüpfen und tanzen: »Talita kum! Talita kum!«

Zehn Aussätzige

NACH LUKAS 17,11–19

Eines Tages war Jesus auf dem Weg in die Stadt Jerusalem. Er zog bei Samarien vorbei. So hieß das Gebiet, in dem Leute wohnten, die niemand mochte. Es war so: Von den Samaritern erwartete man nichts Gutes.

Als Jesus dort in der Nähe war und in ein Dorf gehen wollte, kamen ihm zehn Aussätzige entgegen. Diese Menschen waren schwer krank und man ging ihnen aus dem Weg, um sich ja nicht anzustecken. Aussätzige durften nicht bei den Gesunden wohnen; das war streng verboten. Darum blieben sie stehen, als sie Jesus kommen sahen. Laut riefen sie, damit er sie hören konnte: »Meister, hab Erbarmen mit uns! Meister!«

»Geht zu den Priestern, zu den Männern, die im Gotteshaus ihre Arbeit tun«, sagte er, »und zeigt euch dort!«

Sie machten sich sofort auf den Weg. Und während sie gingen, wurden sie gesund. Sie hatten keinen Aussatz mehr. Alle waren geheilt.

Einer von ihnen kehrte um. Glücklich war er und mit lauter Stimme lobte er Gott. Er warf sich vor Jesus auf den Boden und dankte ihm von gan-

zem Herzen. So froh war er. Dieser Mann kam aus Samarien – wirklich, er war ein Samariter.

Jesus sah sich um und sprach: »Aber sag, es sind doch alle zehn Aussätzigen gesund geworden? Wo sind denn die andern neun? Ist sonst keiner umgekehrt, um zu danken? So ist es: Nur du, der Samariter, ist zurückgekommen! Steh auf, dein Glaube hat dir geholfen.«

Sie können im Anschluss an diese Geschichte mit Ihrem Kind darüber sprechen, wie wir manchmal schlecht über Fremde denken, bis sie uns überraschen mit ihrem guten Handeln. Vielleicht kennen Sie ein solches Beispiel, das Sie Ihrem Kind erzählen können.

Biblische Herbst-geschichten

Kaum eine Jahreszeit, die uns die Vielfalt des Lebens so bewusst macht wie der Herbst: Die Tage sind zwar immer noch lang, aber sie werden spürbar kürzer. Bedrohliche Stürme sind ebenso angesagt wie die Freude am Ernten. Und schon wird die Herbstsaat wieder ausgestreut – das Korn, das in die Erde fällt und »sterben« muss, bevor es keimen kann. Vielleicht blicken wir ein bisschen wehmütig auf einen warmen Sommer zurück, aber wir können uns auch freuen auf gemütliche Abende im geheizten Wohnzimmer. In der Bibel finden wir Geschichten, die uns diese herbstlichen Facetten anschaulich vor Augen führen: Sie erzählen von Ruhe und Sturm, von Mühe und Vollendung, von Angst und Vertrauen. Da ist die Rede von Gastfreundschaft, von Fürsorge und Geborgenheit. Aber es gibt auch Berichte von Argwohn und Misstrauen, von Neid und Unbehagen. Doch immer schwingt die Gewissheit mit, dass letztlich das Gute siegt und die Menschen nicht verloren sind auf dieser Welt.

Sturm auf dem See

NACH MARKUS 4,35–41

Eines Abends sagte Jesus zu den Freunden: »Kommt, steigt ins Boot! Wir fahren hinüber ans andere Ufer.«

Die vielen Menschen, die auch an diesem Tag wieder zu ihm gekommen waren, schickten sie fort. Dann setzten sich die Freunde zu ihm ins Boot und sie fuhren hinaus auf den See. Plötzlich fegte ein heftiger Wind daher. Ein Wirbelsturm! Die Wellen schlugen ans Boot, immer heftiger, immer höher, bis sich das Boot mit Wasser füllte.

Jesus aber war müde. Hinten im Boot lag er auf einem Kissen und schlief. Die Freunde rüttelten ihn wach: »Meister, kümmert es dich nicht? Es stürmt, wir gehen unter! Wie kannst du nur schlafen?«

Da stand er auf und befahl dem Wind, sich zu legen. Zum See sagte er: »Schweig! Sei still!«

Da hörte der Wind auf zu blasen. Auf einmal wurde es ruhig – ganz still.

»Warum habt ihr solche Angst?«, fragte Jesus die Freunde. »Warum denn? Glaubt ihr noch nicht? Was muss noch alles geschehen, bis ihr glaubt?«

Die Freunde erschraken. Sie schauten sich um und sagten zueinander: »Was ist das für ein Mensch? Sogar der Wind und der See gehorchen ihm.«

Lassen Sie Ihr Kind die Augen schließen und den Seesturm vor dem »inneren Auge« sehen. Es kann Ihnen erzählen, wie es den Sturm toben und das Schiff schaukeln sieht. Dann können Sie es auffordern – ebenfalls hinter den geschlossenen Augen – zu »sehen« und nachzuspüren, wie plötzlich der Sturm sich legt und die Gefahr verschwindet.

Ein Sämann ging aus

NACH LUKAS 8,5–8

Eines Tages erzählte Jesus den Menschen diese Geschichte:

»Ein Sämann ging hinaus aufs Feld. Er säte Samen aus. Doch was geschah? Einige Körner fielen auf die Straße. Dort konnten sie nicht wachsen; der Boden war viel zu hart. Die Menschen kamen des Weges und zertraten die Körner unter ihren Schuhen. Auch die Vögel flogen hin, sahen den Samen und pickten ihn auf. Andere Körner fielen auf felsigen Stein. Auch das war kein guter Boden. Wie hätten dort die Samen reifen können? Heiß brannte die Sonne vom Himmel und bevor das Korn wachsen konnte, trocknete es aus und verdorrte. Wieder andere Körner fielen mitten ins Dornengestrüpp. Auch das war schlecht. Denn zusammen mit den Samenkörnern wuchsen auch die

Dornen. Hart und spitz wurden sie und erstickten den Samen, bevor er keimte.

Doch viele Körner, die der Mann aussäte, fielen auf guten Boden. Dort war die Erde warm und feucht. Wie wunderbar: Die Frucht konnte wachsen. Zuerst war sie winzig klein, dann ging sie auf – zuerst nur wenig, dann immer mehr. Sie wurde stärker und kräftiger, jeden Tag. Wie groß? Hundertmal so groß wie ein einziges Samenkorn!«

Ihr Kind kann spielen, wie die Frucht reif wird: Klein zusammengekauert auf dem Fußboden zeigt es sich kaum größer als ein Samenkorn. Sehen Sie ihm zu, wie es wächst und wächst, indem es sich ausstreckt bis auf die Zehenspitzen. Klatschen Sie in die Hände, wenn es in voller Größe steht – kräftig und lebendig!

Zachäus, der Oberzöllner

NACH LUKAS 19,1–10

Jesus kam in eine Stadt. Sie hieß Jericho. Dort wohnte ein Mann, den alle kannten: Zachäus, der oberste Zöllner. Manchmal verlangte er von den Leuten zu viel Geld am Zoll. Das behielt er dann für sich. Alle wussten es. Er war sehr reich.

Als Zachäus hörte, dass Jesus nach Jericho kam, dachte er: Den will ich auch einmal sehen! Von ihm reden alle, was ist das wohl für einer?

Wie immer, wenn Jesus in eine Stadt kam, strömten die Leute zu Tausenden herbei. Zachäus aber war ein kleiner Mann und die Menschen versperrten ihm die Sicht. Darum lief er voraus und kletterte auf einen Maulbeerfeigenbaum. Hier

muss Jesus vorbeikommen, dachte er, von hier aus kann ich ihn sehen.

Und so war es. Als Jesus in die Nähe des Baumes kam, blieb er stehen, schaute hinauf und sprach: »Zachäus, komm schnell herunter! Dich will ich besuchen, ja dich – in deinem Haus!«

Schnell stieg Zachäus vom Baum hinab. Voller Freude lud er Jesus zu sich nach Hause ein.

Als die Leute das sahen, wurden sie zornig. »Was – bei Zachäus kehrt er ein, ausgerechnet bei ihm? Das darf nicht wahr sein! Er ist der größte Gauner!«, schimpften sie.

Zachäus aber saß in seinem Haus mit Jesus zusammen und sagte: »Weißt du was? Die Hälfte meines Geldes gebe ich den Armen. Und wenn ich von jemandem zu viel Geld verlangt habe, gebe ich ihm viermal so viel zurück!«

Da sagte Jesus: »In deinem Haus ist heute alles gut geworden. Denn ich bin gekommen, um dich zu suchen. Ich bin da, um zu retten, was verloren ist.«

Fragen Sie Ihr Kind, was ihm an dieser Geschichte am besten gefällt, und hören Sie ihm gespannt zu. Was sagt es? Je interessierter Sie an seiner Antwort sind, desto intensiver wird es darüber nachdenken.

Der barmherzige Samariter

NACH LUKAS 10,25–35

Eines Tages kam ein kluger Mann zu Jesus. Er war Gesetzeslehrer und stellte ihm viele Fragen.

»Was muss ich tun, um ein guter Mensch zu sein?«, wollte er wissen.

Da erzählte ihm Jesus diese Geschichte:

»Ein Mann ging von Jerusalem hinab nach Jericho. Auf dem Weg wurde er von Räubern überfallen. Sie plünderten ihn aus und schlugen ihn nieder. Halb tot ließen sie ihn liegen. Dann rannten sie davon.

Zufällig kam ein Priester des Weges, ein Mann, der im Tempel den Gottesdienst feierte. Der Priester sah den Mann. Dann schaute er schnell weg und ging weiter.

Auch ein Levit kam an diesem Platz vorbei. Das ist einer, der mithilft bei den Gottesdiensten. Auch er sah den verwundeten Mann – und schaute weg. Und ging weiter.

Jetzt kam ein Mann aus Samarien, der auf der Reise war. Doch von Leuten aus Samarien erwartete niemand etwas Gutes. Nein, die Samariter mochte man nicht. Dieser aber sah den Ausgeplünderten, wie er blutend am Boden lag. Er schaute ihn an und hatte Mitleid. Sofort ging er auf ihn zu, goss Öl auf seine Wunden, nahm Verbandstoff aus der Reisetasche und pflegte ihn liebevoll. Dann hob er ihn auf sein Reittier und brachte ihn in eine Herberge. Dort blieb er bei ihm und sorgte für ihn – er, der Samariter.

Am andern Tag nahm er Geld aus der Tasche – zwei Denare. Das ist viel Geld. Er gab es dem Wirt und sagte: »Da, nimm – und sorge für den Kranken. Wenn du noch mehr brauchst, zahle ich es dir auf dem Rückweg. Ich komme hier vorbei.«

Lassen Sie Ihr Kind nochmals aufzählen, was der Samariter alles getan hat. Sprechen Sie mit ihm darüber, dass ausgerechnet der Samariter ein guter Mensch war und dem Verletzten geholfen hat. Lassen Sie Ihr Kind selbst »Samariter« sein: Es darf Sie mit einer Mullbinde verbinden – oder mit einem Pflaster »verarzten«.

Der verlorene Sohn

NACH LUKAS 15,1–2.11–32

Eines Tages kamen viele Menschen zusammen. Auch Leute, die niemand mochte, wollten Jesus hören. Einige ärgerten sich darüber und schimpften: »Was ist da los? Er gibt sich mit dem Pöbel ab und isst sogar mit Sündern. Das gehört sich nicht!«

Aber Jesus hörte nicht auf sie. Und er erzählte diese Geschichte:

»Es war einmal ein Mann; er hatte zwei Söhne. Eines Tages sagte der jüngere zum Vater: ›Du, gib mir das Geld, das ich einmal von dir erben werde. Ich möchte es jetzt schon haben, gib es mir.‹

Da teilte der Vater das Vermögen auf. Wenige Tage später packte der jüngere Sohn alles zusammen und zog fort in ein fernes Land. Dort lebte er in Saus und Braus und kaufte sich alles, was er wollte. So verschleuderte er das ganze Vermögen, bis es aufgebraucht war.

Als er kein Geld mehr hatte, kam eine große Hungersnot über das Land. Jetzt ging es ihm ganz schlecht. Er konnte nichts mehr kaufen. Er hatte gar nichts mehr. Da ging er zu einem Mann, um Arbeit zu suchen. Aber es gab für ihn nur die schmutzigste Arbeit, die man sich denken konnte: Schweine hüten! Niemand sonst wollte diese Arbeit machen. Aber dem Sohn blieb nichts anderes übrig, und er ging mit den Tieren aufs Feld. Sein Hunger war so groß, dass er am liebsten vom Futter gegessen hätte,

das man den Schweinen gab. Aber nicht einmal das bekam er. Niemand gab ihm davon.

Da setzte er sich hin und dachte: Wie viele Arbeiter meines Vaters haben mehr als genug zu essen! Und ich habe Hunger; ich komme fast um. Ich will zurück. Ich gehe heim zu meinem Vater. Ich sage: Vater, ich war schlecht. Ich habe gesündigt gegen dich und gegen den Himmel. Jetzt bin ich nichts mehr wert; ich kann nicht mehr dein Sohn sein. Nimm mich als Arbeiter – wie einer, der immer nur für einen einzigen Tag den Lohn verdient. Nimm mich wenigstens so – wie einen Taglöhner.

Jetzt machte er sich auf den Weg. Und der Vater? Er sah den Sohn von Weitem, wie er des Weges kam. Er blieb nicht im Haus, er wollte nicht warten. Voller Mitleid lief er ihm entgegen, fiel ihm um den Hals und küsste ihn. Der Sohn aber sagte schnell: ›Vater, ich war schlecht. Ich habe gesündigt gegen dich und gegen den Himmel. Dein Sohn kann ich nicht mehr sein, ich bin nicht mehr so viel wert.‹

Der Vater aber rief seine Knechte herbei: ›Kommt schnell und holt das beste Kleid! Zieht es ihm an! Steckt ihm einen Ring an die Hand und zieht ihm Schuhe an! Dann holt das Mastkalb und schlachtet es. Wir wollen essen und fröhlich sein. Ein Fest soll es geben! Denn mein Sohn war tot und lebt wieder! Er war verloren und wurde wieder gefunden.‹

Und alle fingen an, ein frohes Fest zu feiern.

Unterdessen war der ältere Sohn draußen auf dem Feld. Als er zurückkam, hörte er in der Nähe des Hauses Musik und Tanz. Erstaunt fragte er einen der Knechte, was das zu bedeuten habe.

›Dein Bruder ist gekommen‹, sagte der Knecht, ›und dein Vater hat das Mastkalb schlachten lassen, weil er gesund und heil zurückgekommen ist.‹

Der ältere Bruder wurde zornig; das konnte er nicht verstehen. Er wollte gar nicht ins Haus gehen. Da kam der Vater zu ihm hinaus, setzte sich zu ihm und redete ihm gut zu. Doch der Sohn war richtig wütend und erwiderte: ›So viele Jahre arbeite ich hier und nie habe ich etwas gemacht, das dir nicht gefällt. Aber mir hast du nie etwas geschenkt, nicht einmal einen Ziegenbock, damit ich mit meinen Freunden ein Fest feiern kann. Jetzt kommt der heim, der mit vielen Frauen ging und dein Vermögen verschwendet hat, und jetzt schlachtest du für ihn sogar das Mastkalb!‹

Der Vater hörte ihm zu. Dann gab er ihm zur Antwort: ›Du bist immer bei mir, und alles, was mir gehört, gehört auch dir. Mein Sohn, jetzt wollen wir uns doch freuen und ein Fest feiern. Denn dein Bruder war tot und lebt wieder. Er war verloren – und jetzt ist er wieder da.‹«

Sie können mit Ihrem Kind über diesen Vater sprechen: Welche Großzügigkeit! Lassen Sie Ihr Kind nochmals aufzählen, was er den Dienern bei der Heimkehr des Sohnes alles befiehlt. Und sprechen Sie mit ihm auch über den älteren Bruder, der zornig wird vor Neid. Denn vielleicht kennt es diese Empfindung bereits.

Von den Talenten

NACH MATTHÄUS 25,14–30

Eines Tages erzählte Jesus diese Geschichte:

»Es war einmal ein reicher Mann. Er wollte auf eine lange Reise gehen. Bevor er fortging, rief er seine Diener zusammen. Sie mussten nämlich sein Vermögen verwalten, während er unterwegs war. Dem ersten Diener gab er fünf Talente Silbergeld, dem zweiten Diener gab er zwei Talente, dem dritten eines. Der Meister hatte genau überlegt, wie viele Talente er jedem Diener geben wollte. Jeder bekam nur so viele, wie er verwalten konnte, nicht zu viele und nicht zu wenige. Dann reiste der Mann ab.

Der erste Diener, der fünf Talente Silbergeld bekommen hatte, begann sofort zu arbeiten. Er tat, was er konnte, und gewann fünf Talente dazu. Auch der zweite Diener saß nicht bloß herum. Er tat, was er konnte. Zu den zwei Talenten, die er bekommen hatte, gewann er zwei dazu.

Jener Diener aber, der nur ein Talent erhalten hatte, ging hinaus aufs Feld. Dort grub er ein Loch und versteckte das Talent, das er von seinem Meister bekommen hatte, tief in der Erde.

Nach langer Zeit kehrte der Mann von seiner Reise zurück. Sofort rief er die Diener zusammen und fragte nach den Talenten.

Der erste Diener sagte: ›Meister, fünf Talente hast du mir gegeben, bevor du gegangen bist. Schau her, fünf Talente habe ich dazugewonnen.‹ ›Sehr gut!‹, sagte der Meister. ›Du bist ein tüchtiger und treuer Diener. Du hast eine kleine Sache gut gemacht, darum wirst du jetzt etwas Großes dafür bekommen. Du kannst dich freuen.‹

Dann kam der Diener, dem der Meister zwei Talente gegeben hatte, bevor er auf die Reise ging.

›Schau her, ich habe zwei dazugewonnen‹, sagte er.

›Sehr gut!‹, sagte der Meister auch zu ihm, ›du bist ein tüchtiger und treuer Diener. Etwas Kleines hast du gut gemacht, darum wirst du etwas Großes erhalten. Freue dich!‹

Zuletzt kam noch der dritte Diener, der ein einziges Talent erhalten hatte. Er trat vor den Meister und sagte: ›Ach, ich habe doch gewusst, dass du ein strenger Mann bist. Weil ich Angst hatte vor dir, habe ich dein Geld in der Erde versteckt. Hier hast du es wieder zurück.‹

Da wurde der Meister böse. ›Du schlechter und fauler Diener!‹, schimpfte er. ›Hättest du das Geld wenigstens zur Bank gebracht, dann hätte es mindestens Zinsen gebracht!‹

Und er sagte: ›Nehmt ihm das Talent weg und gebt es dem, der die zehn Talente hat! Denn wer hat, der bekommt noch mehr.

Wer aber nichts tut und nichts hat, dem wird auch das noch weggenommen, was er bekommen hat. Werft den nichtsnutzigen Diener hinaus in die Finsternis! Dort soll er heulen und mit den Zähnen knirschen.‹«

Diese Geschichte kann aktualisiert werden, indem man das »Silbergeld« als unsere Begabungen versteht. Überlegen Sie zusammen mit Ihrem Kind, welche »Talente« es hat. Sprechen Sie mit ihm darüber, wie es sie nutzen kann, damit sie sich »vermehren«.

Hinaus mit euch!

NACH JOHANNES 2,13–21

Ein großes Fest stand vor der Tür, das Paschafest. Die Menschen feierten es jedes Jahr. In jenen Tagen zog Jesus nach Jerusalem hinauf und ging in den Tempel. Der Tempel war Gottes Haus – ein ganz besonderer Ort. Dort kamen die Menschen immer wieder zusammen, um zu singen und zu beten.

Doch – was sah Jesus da? Er traute seinen Augen nicht! Mitten im Tempel wurden Rinder, Schafe und Tauben verkauft. Die Verkäufer schrien durcheinander, als wären sie in einer Markthalle. Auch die Geldwechsler saßen an ihren Tischen und machten ihre Geschäfte. Jesus schaute dem Treiben nicht lange zu. Sofort knüpfte er aus Stricken eine Geißel. Damit trieb er alle aus dem Tempel hinaus – Menschen und Tiere. Die Schafe und Rin-

der rannten los und die Tauben flogen davon. Das Geld der Wechsler schüttete er auf den Boden und stieß ihre Tische um. So zornig war er.

»Schert euch fort!«, befahl er den Taubenhändlern. »Hinaus mit euch! Hier ist kein Marktplatz, hier ist das Haus Gottes!«

Einige wurden böse und riefen: »Was fällt dir ein? Was erlaubst du dir? Und überhaupt: Warum darfst du so etwas tun? Beweise es doch!«

»Ihr könntet den ganzen Tempel abreißen«, erwiderte Jesus in scharfem Ton, »und ich würde ihn in drei Tagen wieder aufbauen.«

»Das geht doch nicht!«, entgegneten sie. »Sechsundvierzig Jahre lang wurde an diesem Tempel gebaut, bis er fertig war, und du willst ihn in drei Tagen wieder aufrichten?«

Sie waren voller Wut und verstanden überhaupt nicht, was er damit sagen wollte.

Zusammen mit Ihrem Kind können Sie herausfinden, was hier gemeint ist: »Er meinte den Tempel seines Leibes. Als er von den Toten auferstanden war, erinnerten sich seine Freunde, dass er dies gesagt hatte« (Johannes 2,12.21f). Wenn Sie mögen, können Sie Ihrem Kind erklären, dass auf die Auferstehung angespielt wird – drei Tage nach dem Kreuzestod.

Zehn junge Mädchen

NACH MATTHÄUS 25,1–13

Oft erzählte Jesus Geschichten, zum Beispiel diese:

»Es waren einst zehn junge Mädchen – fünf dumme und fünf kluge. Sie alle machten sich bereit für ein Hochzeitsfest. Jetzt holten sie ihre Lampen hervor, um dem Bräutigam entgegenzugehen. Die dummen Mädchen nahmen zwar ihre Lampen mit, aber sie vergaßen das Öl. Die klugen jedoch dachten daran: Sie nahmen die Lampen mit – und dazu auch die Krüge mit dem Öl.

Der Bräutigam kam lange nicht. Die Mädchen warteten und warteten. Noch immer war der Bräutigam nicht zu sehen – weit und breit keine Spur von ihm. Da wurden die Mädchen müde und schliefen ein. Dann aber, mitten in der Nacht, hörte man plötzlich

einen Schrei: ›Der Bräutigam! Der Bräutigam kommt! Geht ihm entgegen!‹

Sofort standen die Mädchen auf und machten ihre Lampen bereit. Jetzt merkten die dummen, was sie vergessen hatten. Das Öl! Was konnten sie tun?

›Gebt uns von eurem Öl!‹, sagten sie zu den klugen, ›sonst löschen unsere Lampen aus!‹

›Das geht nicht‹, sagten die klugen Mädchen, ›wir haben sonst zu wenig. Wenn wir euch Öl geben, reicht es für alle nicht – für uns nicht und für euch auch nicht. Geht doch ins Geschäft und kauft euch selber Öl!‹

Den dummen Mädchen blieb nichts anderes übrig. Sie machten sich auf den Weg, um Öl zu kaufen.

Unterdessen kam der Bräutigam, und die klugen Mädchen gingen ihm entgegen. Mit brennenden Lampen zogen sie mit ihm in den Hochzeitssaal. Dann wurde die Tür geschlossen. Viel zu spät kamen die dummen Mädchen endlich zurück und standen vor dem verschlossenen Tor.

›Macht uns auf! Macht uns auf!‹, riefen sie.

Der Bräutigam aber gab zur Antwort: ›Ich kenne euch nicht. Ihr müsst bereit sein und wachsam. Ihr wisst nämlich nicht, wann ich komme. Ihr kennt weder den Tag noch die Stunde.‹«

Vielleicht besitzen Sie eine Öllampe, die Sie jetzt zusammen mit Ihrem Kind bereitmachen. Zeigen Sie ihm, dass sie ohne Öl nicht brennt. Lassen Sie das Kind sorgfältig Öl nachgießen und den Docht anzünden. Beim gemeinsamen Beobachten der Flamme werden Sie mit ihm die Geschichte nochmals überdenken.

Das verlorene Geldstück

NACH LUKAS 15,8–9

Auch diese Geschichte erzählte Jesus den Menschen:

»Eine Frau besitzt zehn Drachmen. Das ist Geld – viel Geld. Plötzlich geht ein Geldstück verloren. Wo ist es? Die Frau weiß es nicht. Das Geld ist spurlos verschwunden – einfach weg. Die Frau schaut sich um. Sie sucht und sucht – überall. Wo könnte es hingekommen sein?

Jetzt zündet sie Licht an, um besser zu sehen. Umsonst! Das Geldstück ist nirgends. Wo sollte sie noch suchen? Sie fegt das ganze Haus, um es doch noch zu finden.

Überall schaut sie hin – vergeblich.

Doch da, was sieht sie? Tatsächlich, da liegt es! Das Geldstück! Sie hebt es auf und kann es fast nicht glauben. Ihre Augen leuchten. Alle ihre Freundinnen und Nachbarinnen ruft sie herbei. ›Freut euch‹, sagt sie, ›freut euch mit mir! Ich habe das Geldstück gefunden. Das Geld, das ich verloren hatte – wisst ihr noch? Jetzt ist es wieder da. Welche Freude!‹«

Erinnern Sie sich mit Ihrem Kind an eine Situation, in der Sie etwas Ähnliches erlebt haben: Was hatten Sie oder Ihr Kind verloren und lange gesucht? Erzählen Sie einander von der Freude des Findens! Wie war das damals und wer freute sich mit?

Ein großes Festmahl

NACH LUKAS 14,16–24

Wieder erzählte Jesus eine Geschichte:

»Es war einmal ein Mann. Er hatte ein großes Festessen vorbereitet und viele Gäste dazu eingeladen. Als das Fest beginnen sollte, schickte er seinen Diener aus, um den Leuten zu sagen: ›Kommt her, alles ist bereit!‹

Da fing einer nach dem anderen an, sich zu entschuldigen. Der Erste sagte: ›Ich habe gerade einen Acker gekauft und muss jetzt hingehen, um ihn zu besichtigen. Ich kann leider nicht kommen – bitte entschuldige mich!‹

Der Nächste sagte: ›Ich habe soeben ein paar Ochsen gekauft. Nun bin ich auf dem Weg, um sie genauer anzuschauen. Bitte entschuldige mich.‹

Wieder ein anderer sagte: ›Ich habe gerade geheiratet. Nein, jetzt kann ich nicht kommen, das geht nicht.‹

Der Diener kehrte zurück und berichtete alles seinem Meister. Da wurde der Meister wütend – richtig zornig. Und er sagte zum Diener: ›So geh auf die Straßen und Gassen in der ganzen Stadt und hole die Armen! Hole die Behinderten, die Blinden und Lahmen!‹

Der Diener gehorchte. Er holte alle, die er finden konnte, und führte sie in den Festsaal. Dann ging er zum Meister und sagte: ›Alle sind da, aber es gibt immer noch Platz.‹

›Dann geh auf die Landstraßen und vor die Stadt hinaus‹, antwortete der Meister, ›und sage allen Leuten, sie sollen kommen! Alle, alle, bis mein Haus voll ist! Eines aber sage ich dir: Keiner von denen, die eingeladen waren, wird an meinem Fest dabei sein!‹«

Stellen Sie sich gemeinsam mit Ihrem Kind vor, wie die Armen, Blinden und Lahmen den Festsaal betreten. Ermuntern Sie Ihr Kind zu spielen, wie verwundert diese Menschen in den Saal kommen und wie sie über die gedeckten Tische staunen, an die sie sich setzen dürfen.

Lasst die Kinder kommen!

NACH MARKUS 10,13–16

Eines Abends kamen Mütter mit ihren Kindern zu Jesus. Sie wollten, dass er sie umarmt und ihnen die Hände auf den Kopf legt.

Den Freunden von Jesus gefiel das gar nicht. Den ganzen Tag lang waren schon genug Leute da, ganze Menschenmassen. Was wollen jetzt diese Frauen noch? Schroff wiesen sie die Mütter ab.

Als Jesus das sah, wurde er böse. »Lasst die Kinder kommen!«, sagte er. »Hindert sie nicht, bei mir zu sein! Denn ihnen gehört die Welt – und noch viel mehr: Ihnen gehört das ganze Himmelreich. Das sage ich euch: Man muss den Himmel sehen wie ein Kind. Wer das nicht kann, wird dort nie hinkommen – niemals.«

Dann nahm er die Kinder in seine Arme – eines nach dem andern. Er legte ihnen die Hände auf und segnete sie.

Auch Sie können Ihr Kind segnen, wenn Sie möchten: Zeichnen Sie ihm ein Kreuz auf die Stirn. Vielleicht möchte es anschließend dasselbe tun und Ihnen ebenfalls ein Kreuz auf die Stirn zeichnen.

Biblische Winter-geschichten

Der Winter ist die kälteste und dunkelste Jahreszeit. Am Morgen will es manchmal kaum Tag werden und bevor es Abend wird, ist es überall finster. Viele Menschen verfallen in eine melancholische Stimmung und sehnen sich nach Licht und Wärme. Kein Wunder, dass das Weihnachtsfest mit der intensiven Wartezeit davor in den Winter fällt. Es fängt die Sehnsucht der Menschen auf, indem es »mitten in der Nacht« eine Geburt anzeigt, die weit über ein privates Familienglück hinausweist. Die Weihnachtsgeschichte ist wohl der populärste biblische Bericht, der in unserem Kulturkreis in verschiedensten Varianten nacherzählt und dargestellt wird. Zu den biblischen Wintergeschichten gehören aber auch ein paar weniger bekannte Fortsetzungsberichte. Denn einer Geburt folgen Wachstum und Entwicklung in schnellen Schritten – verbunden mit Unvorhergesehenem, Ungereimtem und Erstaunlichem.

Zacharias

NACH LUKAS 1,5–25

Es war einmal ein Mann. Er hieß Zacharias und lebte in der Zeit, als König Herodes das Land regierte. Zacharias war ein guter Mann. Seine Frau hieß Elisabet. Beide lebten so, wie es Gott gefiel. Aber manchmal waren sie traurig. Zacharias und Elisabet hatten nämlich keine Kinder. Und beide waren schon sehr alt.

Zacharias war Priester. Darum hatte er immer wieder im Haus Gottes zu tun – das war damals der Tempel. Eines Tages war er wieder einmal an der Reihe, um dort das Rauchopfer darzubringen. Er war allein dort; die Leute standen draußen und beteten. Plötzlich kam ein Engel. Da stand er, auf der rechten Seite des Rauchopferaltares. Zacharias erschrak. Was war das? Er wusste nicht, was ihm geschah, und er fürchtete sich.

Der Engel aber sagte: »Hab keine Angst, Zacharias! Dein größter Wunsch geht in Erfüllung, du hast ja oft darum gebetet: Deine Frau Elisabet wird ein Kind bekommen – einen Sohn. Ja, so ist es: Johannes wird er heißen. Und du wirst große Freude an ihm haben. Aber nicht nur du, auch viele andere Menschen werden sich über seine Geburt freuen. Denn Johannes wird ein berühmter Mann sein. Er wird die Menschen zu Gott führen. Das alles wird geschehen.«

Zacharias konnte gar nicht glauben, was der Engel sagte. Er stand da und fragte: »Wie werde ich merken, dass das wahr ist, was du sagst? Ich bin doch schon ein alter Mann und meine Frau ist auch nicht mehr

die jüngste. Wenn man so alt ist wie wir, kann man keine Kinder mehr bekommen.«

Der Engel aber sprach: »Ich bin Gabriel, der vor Gott steht. Er hat mich zu dir geschickt, um mit dir zu reden und dir diese gute Nachricht zu bringen. Aber du glaubst nicht daran. Darum sollst du von jetzt an stumm sein. Kein Wort mehr kannst du reden bis zum Tag, an dem dein Sohn Johannes zur Welt kommt.«

Unterdessen standen die Leute immer noch draußen vor dem Tempel. Sie wunderten sich, dass Zacharias so lange nicht herauskam. Was machte er denn so lange? Sie wussten es nicht. Als er endlich kam, konnte er nicht sprechen. Er versuchte es, aber es ging nicht. Jetzt merkten die Menschen, dass Zacharias im Tempel etwas Besonderes erlebt haben musste. Er gab ihnen nur Zeichen mit der Hand und blieb stumm.

Bald nachdem Zacharias seine Arbeit im Tempel getan hatte, kehrte er nach Hause zurück. Und tatsächlich: Seine Frau wurde schwanger. Sie konnte es kaum fassen. »Gott hat geholfen«, sagte sie. »In diesen Tagen hat er ganz besonders gut auf mich geschaut.«

Fragen Sie Ihr Kind, was ihm an dieser Geschichte am besten gefällt, was es am meisten beeindruckt hat. Der Engel? Oder der stumme Zacharias, der vor den Leuten kein Wort herausbringt? Oder vielmehr die schwangere Elisabet, die sich auf das Kind freut? Hören Sie interessiert zu, was Ihr Kind meint.

Sei gegrüßt, du Glückliche!

NACH LUKAS 1,26–38

In Nazaret lebte eine junge Frau. Sie hieß Maria und war mit Josef verlobt. Eines Tages trat ein Engel zu ihr ins Haus.

»Sei gegrüßt, du Glückliche!«, sagte er. »Gott ist mit dir.«

Maria erschrak. Vor allem, weil der Engel sie so freundlich begrüßte, als wäre sie ein besonderer Mensch. Was hatte das zu bedeuten?

Sie wusste es nicht.

»Fürchte dich nicht, Maria!«, sprach der Engel. »Gott ist mit dir. Du wirst ein Kind bekommen – einen Sohn. Ihm wirst du den Namen Jesus geben. Er wird berühmt werden. Man wird sagen, dass er der Sohn des Allerhöchsten ist. Gott selber wird ihm einen

Thron geben. Er wird wie ein König sein, mit einem großen Reich, das gar nie untergeht.«

Maria verstand das alles nicht. Was sagte der Engel? Was meinte er? »Wie ist das überhaupt möglich – ich bin ja noch mit keinem Mann zusammen?«, fragte sie.

»Du wirst alle Kraft bekommen«, sagte der Engel. »Dein Kind wird heilig sein. Sohn Gottes wird man es nennen. Auch Elisabet, die schon sehr alt ist, wird einen Sohn haben, obwohl alle glaubten, dass sie nie mehr ein Kind bekommen würde. Doch jetzt ist sie schon im sechsten Monat schwanger. Denn bei Gott ist alles möglich; für ihn ist nichts unmöglich.«

Maria sagte zum Engel: »Ich bin Gottes Dienerin. Es soll so geschehen, wie du gesagt hast.«

Dann ging der Engel fort.

Schlagen Sie Ihrem Kind vor, Maria und den Engel zu malen – vielleicht nur ihre Gesichter. Das Gesicht des Engels wird voller Licht sein, im Gesicht von Maria wird die große Überraschung sichtbar, weil sie die Botschaft kaum fassen kann.

Jesus wird geboren

NACH LUKAS 2,1–7

In jener Zeit befahl Kaiser Augustus, dass sich die Leute im ganzen Land in Listen eintragen müssen. Alle gingen in ihre Stadt, um sich aufschreiben zu lassen. Josef gehörte zur Familie, die man Stamm Davids nannte. Er zog also von Nazaret hinauf nach Betlehem. Denn Betlehem war die Stadt Davids. Er wollte sich eintragen lassen mit Maria, seiner Verlobten. Maria war schwanger; sie erwartete ihr erstes Kind.

In Betlehem angekommen, war es so weit: Maria gebar das Kind. Ihr Sohn kam zur Welt! Wo sollte sie ihn hinlegen? Wo konnten sie bleiben?

Maria wickelte das Kind in Windeln und legte es in eine Krippe. Denn in der Herberge gab es keinen Platz für sie.

Improvisieren Sie mit Ihrem Kind das Spiel von der Herbergssuche: Gehen Sie mit ihm durch die Wohnung und lassen Sie es an alle Türen anklopfen – vergeblich. Es kann gemeinsam mit Ihnen nachempfinden, was von Maria, Josef und dem Kind berichtet wird.

Ihr werdet ein Kind finden!

NACH LUKAS 2,8–20

Es war mitten in der Nacht. Draußen auf dem Feld saßen Hirten und hielten Nachtwache bei ihren Schafen. Plötzlich kam ein Engel voller Licht und Glanz. Was war das? Die Hirten erschraken; sie hatten Angst.

Aber der Engel sprach: »Fürchtet euch nicht! Ich verkünde euch eine große Freude – eine Freude für euch und alle Menschen. Heute ist euer Retter geboren, in Betlehem, in der Stadt Davids! Ihr werdet ein Kind finden. Es ist in Windeln gewickelt und liegt in einer Krippe. Das ist das Zeichen, daran könnt ihr es erkennen!«

Und plötzlich waren mit dem Engel noch viele Engel da – eine riesige Schar von Engeln am Himmel. Sie alle lobten Gott.

Sie sangen: »Ehre sei Gott in der Höhe und Friede den Menschen auf Erden!«

Dann kehrten die Engel zum Himmel zurück. Da sagten die Hirten zueinander: »Kommt, wir gehen nach Betlehem, um zu sehen, was geschehen ist.«

Sie liefen so schnell sie konnten. Und was fanden sie? Maria und Josef und das Kind, das in der Krippe lag. Es war genau so, wie es der Engel gesagt hatte.

Dann gingen sie fort und erzählten überall, was sie gehört und gesehen hatten. Und alle staunten über das, was die Hirten sagten.

Maria aber behielt alles in ihrem Herzen. Und sie dachte darüber nach. Die Hirten aber kehrten zu ihren Schafen zurück und lobten Gott für alles, was geschehen war.

Stellen Sie mit Ihrem Kind im Zimmer eine Krippe auf. Besonders persönlich und originell wird sie, wenn Ihr Kind statt der käuflichen Figuren selber Gegenstände in der Umgebung findet, mit denen es Maria, Josef, das Kind und die Hirten darstellt. Helfen Sie Ihrem Kind dabei und unterstützen Sie seine kreativen Einfälle.

Besuch aus dem Morgenland

NACH MATTHÄUS 2,1–12

Als Jesus zur Welt kam, regierte König Herodes im Land. Eines Tages kamen Sterndeuter aus dem Morgenland nach Jerusalem und fragten: »Wo ist der neugeborene König? Wir haben seinen Stern gesehen und sind gekommen, um ihn zu ehren.«

Als König Herodes das hörte, erschrak er und mit ihm die ganze Stadt. Was – ein neuer König? »Ich bin der König«, sagte Herodes, »kein anderer sonst.«

Er rief die gelehrten Männer im ganzen Land zusammen und wollte von ihnen wissen, wo der neue König geboren sei. Sie antworteten: »In Betlehem! Dort ist er auf die Welt gekommen.«

Heimlich rief Herodes die Sterndeuter zu sich. Er wollte von ihnen genau wissen, wo sie den Stern gesehen hatten und wo er ihnen erschienen war. Dann schickte er sie fort und sagte: »Geht nach Betlehem und forscht genau nach, wo das Kind ist. Und wenn ihr es gefunden habt, kommt zurück und berichtet mir, wo es ist. Dann kann auch ich hingehen und das Kind ehren.«

Die Sterndeuter machten sich auf den Weg. Der Stern, den sie schon im Morgenland gesehen hatten, zog vor ihnen her, immer weiter. Und dort, wo das Kind war, blieb er stehen. Sie hatten große Freude, denn jetzt

waren sie endlich angekommen. Sie traten ins Haus, und tatsächlich: Da waren sie – das Kind und Maria, seine Mutter. Die Sterndeuter verneigten sich tief und holten ihre Geschenke hervor, Gold, Weihrauch und Myrrhe. Es waren kostbare Schätze für einen großen König.

In der folgenden Nacht hatten die Sterndeuter einen Traum. Sie hörten eine Stimme, die ihnen sagte: »Kehrt nicht zu Herodes zurück! Sagt ihm ja nicht, wo das Kind ist!«

So zogen sie auf einem anderen Weg heim in ihr Land.

Lassen Sie Ihr Kind einen Stern auf festes Papier malen, ausschneiden und am Fenster aufhängen. Erinnern Sie sich dabei gemeinsam an die verschiedenen Stationen dieser Geschichte: die Angst des Herodes, seine Lüge, der Weg der Sterndeuter, ihre Ankunft beim Kind, ihr Traum, ihre Heimkehr.

Die Flucht nach Ägypten

NACH MATTHÄUS 2,13–23

Als Jesus geboren wurde, kamen viele Menschen, um ihn zu sehen. Sie freuten sich und dachten: Er ist unser König, er wird uns retten.

Eines Nachts hatte Josef einen Traum. Er sah einen Engel, der von Gott geschickt war.

Der Engel sagte: »Josef, steh auf, nimm das Kind und seine Mutter. Schnell! Pack deine Sachen und geh fort von hier. Flieh nach Ägypten! Bleibe dort, bis ich dir etwas anderes sage. Denn Herodes wird das Kind überall suchen – so lange, bis er es findet. Er will nicht, dass es lebt; er will es töten. Er duldet keinen andern König neben sich.«

Da stand Josef mitten in der Nacht auf. Mit Mutter und Kind machte er sich davon und floh nach Ägypten. Dort blieben sie, bis Herodes gestorben war.

Versuchen Sie, sich gemeinsam mit Ihrem Kind diese Situation vorzustellen. Vielleicht zeigen Sie ihm aktuelle Bilder aus der Zeitung von Menschen unserer Zeit, die aus ihrer Heimat fliehen müssen. Lassen Sie Ihr Kind sein Mitgefühl aussprechen.

Warum sucht ihr mich?

NACH LUKAS 2,41–52

Die Eltern von Jesus gingen jedes Jahr nach Jerusalem, um das Paschafest zu feiern. Als er zwölf Jahre alt war, zogen sie wieder dorthin. Viele Menschen kamen mit, wie es damals üblich war.

Als die Festtage zu Ende waren, machten sie sich auf den Heimweg. Der junge Jesus aber blieb in Jerusalem, ohne dass seine Eltern es merkten. Sie meinten, er sei irgendwo in der Gruppe, zusammen mit anderen. So reisten sie weiter. Einen ganzen Tag lang sahen sie Jesus nicht. Wo war er denn? Sie suchten ihn bei Verwandten und Bekannten. Aber sie fanden ihn nicht, und niemand wusste, wo er war. Jetzt eilten sie nach Jerusalem zurück, um ihn voller Angst zu suchen. Drei Tage vergingen. Endlich fanden sie ihn. Er war im Haus Gottes, im Tempel. Dort saß er mitten unter den Lehrern, hörte ihnen zu und stellte Fragen. Alle

Leute, die ihn hörten, waren erstaunt, weil er schon so viel verstand und weil er kluge Antworten geben konnte.

Seine Eltern waren bestürzt, als sie ihn endlich wieder sahen.

»Kind, wie konntest du uns das antun?«, sagte seine Mutter. »Dein Vater und ich haben dich voller Angst gesucht.«

Er aber gab zur Antwort: »Warum denn? Wieso habt ihr mich gesucht? Wisst ihr denn nicht, dass ich an jenem Ort sein muss, der meinem Vater gehört?«

Doch seine Eltern verstanden nicht, was er damit sagen wollte. Dann aber kehrte er mit ihnen nach Nazaret zurück und gehorchte. Seine Mutter jedoch bewahrte alles in ihrem Herzen, was geschehen war. Und Jesus wuchs; er wurde größer und verstand immer mehr. Gott und die Menschen hatten Freude an ihm.

Machen Sie mit Ihrem Kind ein kleines Rollenspiel, um die Dynamik zwischen Kind und Eltern in dieser Geschichte nachzuempfinden. Ihr Kind wird Jesus spielen wollen – Sie selbst übernehmen die Rolle der Mutter oder des Vaters.

Taufe am Jordan

NACH MATTHÄUS 3,13–17

In jener Zeit stieg Jesus zum Fluss hinunter, zum Jordan. Dort stand Johannes und Jesus wollte sich von ihm taufen lassen.

»Taufe mich«, bat er.

»Nein«, sagte Johannes, »bestimmt nicht! Ich müsste doch von dir getauft werden, und jetzt kommst du zu mir? Das geht doch nicht!«

Jesus aber gab zur Antwort: »Doch, taufe mich! Es ist schon richtig so. Es ist gerecht, wie Gott es will.«

Da gab Johannes nach. Jesus stieg ins Wasser und Johannes taufte ihn.

Als Jesus wieder aus dem Fluss stieg, war der Himmel offen. Eine Taube flog hinunter, auf Jesus hinab. Und eine Stimme aus dem Himmel sprach: »Das ist mein Sohn, mein allerliebster Sohn!«

Wiederholen Sie die Worte aus der Geschichte, indem Sie diese Ihrem Kind zusprechen:
»Du bist mein Sohn, mein allerliebster Sohn!« Oder:
»Du bist meine Tochter, meine allerliebste Tochter!«

In der Wüste

NACH MATTHÄUS 4,1–11

Damals ging Jesus in die Wüste.

Vierzig Tage und vierzig Nächte lang aß er nichts, er fastete. Schließlich bekam er Hunger.

Da kam ein böser Geist zu ihm und sagte: »Wenn du meinst, dass du Gottes Sohn bist, dann befiehl doch diesen Steinen hier, sie sollen Brot werden!«

»In den alten heiligen Büchern steht etwas anderes«, gab Jesus zur Antwort. »Dort heißt es, dass die Menschen nicht nur Brot brauchen, um zu leben. Sie brauchen auch noch anderes.«

Jetzt nahm ihn der böse Geist mit in die Stadt, stellte ihn oben auf das Haus Gottes, auf das Dach des Tempels.

»Wenn du meinst, dass du Gottes Sohn bist, so stürz dich da hinunter!«, sagte er. »Denn es heißt doch in den alten Schriften,

dass er seinen Engeln befohlen hat, dich auf ihren Händen zu tragen, damit dein Fuß nicht an einen Stein stößt.«

»Aber es heißt auch, du sollst mich nicht auf die Probe stellen!«, gab Jesus zur Antwort.

Wieder nahm ihn der böse Geist mit. Diesmal stellte er ihn auf einen sehr hohen Berg. Von dort aus zeigte er ihm alle herrlichen Länder der Welt. »Schau dich um«, sagte er, »das alles will ich dir geben! Aber nur dann, wenn du dich vor mir auf den Boden wirfst und mich anbetest!«

Da sagte Jesus laut: »Weg mit dir, du Satan! Nur Gott soll man anbeten. Auch das steht in den heiligen Büchern.«

Darauf verschwand der böse Geist sofort. Jetzt kamen Engel zu Jesus und dienten ihm.

Lassen Sie Ihr Kind diese Abwehr mit Wort und Gebärde nachahmen, sooft es mag: Weg mit dir! Fort damit!
So lernt es, was für seine gesunde Entwicklung unter anderem auch wichtig ist, nämlich entschieden abzuweisen, was ihm schadet.

Die erste Predigt

NACH LUKAS 4,14–30

Jesus kehrte nach einer Wanderung in seine Heimat zurück. Er war in der ganzen Gegend bekannt; überall redete man von ihm. Er lehrte in den Gotteshäusern, in den Synagogen. Er kam auch nach Nazaret, wo er aufgewachsen war. Auch dort betrat er die Synagoge.

Er stand auf, um aus einem heiligen Buch vorzulesen. Er schlug es auf und las dort, wo es heißt: »Gott hat mich geschickt, damit ich den Armen eine gute Nachricht bringe, damit die Gefangenen frei werden und die Blinden das Augenlicht wieder bekommen …«

Dann schloss er das heilige Buch, gab es dem Synagogendiener und setzte sich. Alle schauten ihn mit großen Augen an. Dann begann er zu erklären, was er gelesen hatte.

»Was ich gelesen habe, wird jetzt geschehen«, sagte er. »Es ist so weit: Die Gefangenen sollen frei werden und die Blinden wieder sehen.«

Alle klatschten ihm Beifall. Die Menschen bewunderten ihn, weil er so gut redete.

»Wer ist denn das?«, fragten sie einander. »Ist das nicht der Sohn von Josef?«

Jesus aber sprach: »Schon früher gab es Arme und Kranke. Aber nicht alle wurden geheilt – manchmal nur einer. Ihr könnt gut sagen, ich solle große Dinge tun. Ihr könnt auch sagen: Wenn du an anderen Orten Wunder wirkst, warum nicht hier? Aber ich sage euch: Das geht nicht! Denn in der eigenen Heimat glaubt mir niemand.«

Als die Leute in der Synagoge das hörten, wurden sie wütend. Sie sprangen auf, packten Jesus und trieben ihn zur Stadt hinaus.

Sie brachten ihn zum Abhang eines Berges und wollten ihn hinunterstürzen. Er aber stand aufrecht, schritt mitten durch die Menschenmenge und ging weg.

Ermuntern Sie Ihr Kind, den Schluss der Geschichte darzustellen. Es wird die souveräne Haltung nachahmen – den aufrechten Gang, unbeirrt und unerschrocken, auch wenn rundherum alles wütet und tobt.

Menschenfischer

NACH MATTHÄUS 4,18–22

Eines Tages spazierte Jesus den See entlang. Dort sah er zwei Brüder: Simon, den man später auch Petrus nannte, und Andreas. Die beiden waren gerade daran, ihre Netze ins Wasser zu werfen. Sie waren nämlich Fischer von Beruf.

Jesus blieb stehen und schaute ihnen zu. Dann sagte er plötzlich: »Kommt her – und geht mit mir! Ich werde euch zu Menschenfischern machen.«

Die beiden Brüder ließen ihre Netze liegen und zogen mit Jesus fort.

Ein Stück weiter auf dem Weg sah Jesus noch zwei andere Brüder, Jakobus und Johannes. Sie waren mit ihrem Vater im Boot und machten ihre Netze zum Fischen bereit. Auch diesen beiden rief er zu: »Kommt mit!«

Jakobus und Johannes verließen sofort das Boot und ihren Vater, um mit Jesus zu gehen.

Machen Sie sich gemeinsam mit Ihrem Kind Gedanken über den Begriff »Menschenfischer«. Was könnte das wohl heißen? Wechseln Sie sich ab beim Aufzählen von Vermutungen, von möglichen Bedeutungen.

Kleine Bibelkunde

Was ist die Bibel?

Die Bibel ist ein spezielles Buch: In der ganzen Kulturgeschichte gibt es keines, an dem so viele Personen mitgeschrieben, es umgeschrieben, redigiert und kommentiert haben. Über ein Jahrtausend lang dauerte die Entstehung und kein anderes literarisches Werk wurde in so viele Sprachen übersetzt.

Dass bis heute die Bibel weltweit eines der meistgedruckten Bücher ist, mag viele Zeitgenossen erstaunen – oder auch nicht. Unumstritten ist jedenfalls, dass es die Menschheit im Verlauf der Geschichte nachhaltig beeinflusst hat, und noch immer wird die Bibel »das Buch der Bücher« genannt.

Das aus dem Griechischen stammende Wort »Bibel« bedeutet denn auch nichts anderes als »Buch«. Genau betrachtet handelt es sich dabei um eine Sammlung von insgesamt dreiundsiebzig Schriften in einem einzigen Band – eine ganze Bibliothek zwischen zwei Buchdeckeln!

Der erste, umfangreichere Teil enthält das »Alte Testament«, der zweite, schmälere Teil das »Neue Testament«. In jüngster Zeit spricht man auch vom Ersten und Zweiten Testament. Die ältesten biblischen Texte sind ungefähr dreitausend Jahre alt; damals begann man aufzuschreiben, was vorher mündlich überliefert wurde.

Die Verfasser sind weitgehend unbekannt. Sie schrieben in allen erdenklichen literarischen Gattungen: Wir finden in der Bibel fantastische Erzählungen ebenso wie Kriegsberichte und Liebesgedichte, dazu Märchen, Gebete, Briefe, Sprichwörter, Weissagungen und einiges mehr.

Die Erzählungen über Jesus von Nazaret

Die vier Evangelien und die Apostelgeschichte, aus denen die Erzählungen für dieses Buch entnommen wurden, sind nur ein Ausschnitt aus dem Reichtum der Bibel. Immerhin machen diese fünf Schriften rund die Hälfte des Neuen Testamentes aus und gehören zu den bekanntesten Texten der Bibel überhaupt.

Interessant ist, dass sich alle vier Evangelien mit demselben Thema beschäftigen, nämlich mit dem Leben von Jesus aus Nazaret. Offenbar war dieses besonders bedeutsam, sonst hätte man es nicht mehrmals beschrieben. Drei dieser Berichte – jene von Matthäus, Markus und Lukas – stimmen denn auch an einigen Stellen fast wörtlich miteinander überein. In Fachkreisen nennt man sie deshalb die »synoptischen Evangelien« (*Synopse* heißt »Zusammenschau«). Jedes Evangelium enthält aber auch eigene Texte, eigene inhaltliche Schwerpunkte und sogar eigene Deutungen.

Die folgende Grafik zeigt, wann diese Schriften entstanden sind: Das Markus-Evangelium ist das älteste; es entstand in den Jahren 60 bis 70 n. Chr. Das Evangelium nach Matthäus und jenes nach Lukas sind zwischen den Jahren 70 und 90 n. Chr. geschrieben worden. Das Johannes-Evangelium unterscheidet sich stark von den drei synoptischen; es ist das jüngste der vier Evangelien und entstand zwischen den Jahren 90 und 95 n. Chr.

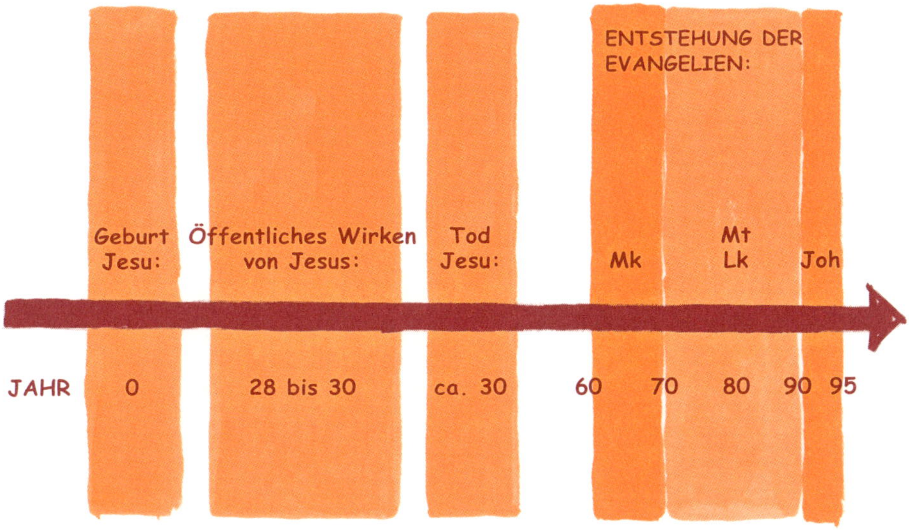

Bemerkenswert ist, dass alle vier Evangelien erst geschrieben wurden, nachdem Jesus bereits gestorben war. Vorher hat man die Ereignisse rund um sein Leben und Wirken vor allem mündlich überliefert. Die felsenfeste Überzeugung der ersten Christen vom absehbaren Ende der Welt ist wohl der Grund, weshalb man sich mit der Verschriftlichung nicht beeilte. An eine Nachwelt mit immensem Interesse dafür dachte man gar nicht!

Nun muss man sich aber vorstellen, was demzufolge passierte: Durch fortwährendes mündliches Wiedererzählen wurde die Botschaft – wie könnte es anders sein! – interpretiert, verändert und gedeutet. Bestimmt wurde auch einiges dazuerfunden, und manches ging sicher verloren und wurde vergessen.

Aber es geht ja in der biblischen Tradition nicht in erster Linie um die Vermittlung historischer Tatsachen, sondern um Teilnahme an lebendigen Erfahrungen, die Menschen damals wie heute machen können, reflektiert von den Erzählenden und Schreibenden, die alles andere als neutrale Berichterstatter waren. Im Gegenteil: Sie wollten das Erstaunliche zur Sprache bringen, das Befreiende verkünden, Hoffnung zusprechen und gelegentlich auch konfrontieren und wachrütteln. Wen wundert's, dass in den vier Evangelien kaum eine konkrete historische Angabe zu finden ist! Außer den Namen der damaligen politischen Herrscher Augustus, Quirinius und Pontius Pilatus werden fast keine Daten und Zahlen genannt, als wären diese Ereignisse »übergeschichtlich« und für alle Zeiten gültig.

Die vier Evangelien

Die Evangelien wurden ursprünglich in griechischer Sprache verfasst. Nach antikem Maßstab gehören sie allerdings nicht zu den Werken der gehobenen Literatur. Zwar sind sie stilistisch sorgfältig gestaltet, entsprechen aber keineswegs dem klassischen Griechisch zur Zeit von Plato. Vielmehr wurde die Umgangssprache der damaligen Zeit verwendet, was den Texten eine gewisse Volksnähe verleiht. Vielleicht wirken sie vor allem in dieser Schlichtheit – auch heute noch.

Die Erzähltexte dieses Buches lehnen sich in ihren Formulierungen eng an die bekannte »Einheitsübersetzung« an. Jede Geschichte ist mit der üblichen Quellenangabe bezeichnet, aus der ersichtlich wird, ob es sich um einen Abschnitt aus dem Matthäus-, Lukas-, Markus- oder Johannes-Evangelium handelt. Bewusst wurden die Texte der vier Evangelien nicht miteinander »vermischt«, um die einzelnen Sichtweisen nicht zu verwischen. So behält auch in diesem Erzählbuch jedes Evangelium seinen spezifischen Ausdruck und setzt die ihm eigenen Akzente. Wahrscheinlich unterscheiden sich die vier Schriftsammlungen schon deswegen voneinander, weil die Schreibenden keine Zeitgenossen von Jesus von Nazaret waren. Da liegt es auf der Hand, dass sie sich ihr je eigenes Bild machten von den großen Taten, Zeichen und Wundern zur Zeit seines Wirkens.

Im Folgenden wenden wir uns den vier Evangelien einzeln zu, um ihre spezifischen Ausrichtungen und ein paar interessante Details zu erfahren.

Das Evangelium nach Matthäus

Matthäus war – wie die anderen Evangelisten – kein Augenzeuge der Ereignisse, von denen er berichtet. Man nimmt an, dass er seine Formulierungen weitgehend von Markus übernommen hat, der aber selbst wiederum erst ungefähr in den Jahren 60 bis 70 n. Chr. sein Evangelium aufgeschrieben hat. Immerhin zitierte Bischof Ignatius aus der syrischen Stadt Antiochia, der um das Jahr 110 starb, das Matthäus-Evangelium, sodass man annehmen kann, dass es zwischen den Jahren 70 und 90 entstand – wahrscheinlich in Syrien.

Matthäus war wohl ein christlicher Gemeindelehrer jüdischer Herkunft; jedenfalls kannte er sich bestens aus in den Schriften des Alten Testamentes. Er zitiert sie nämlich auffallend häufig. Beispielsweise beschreibt er Jesus als den Messias, der im Alten Testament dem Volk Israel verheißen wurde. Auch durch den Stammbaum Jesu kommt der Bezug zum Alten Testament zum Ausdruck, indem Matthäus die Linie Jesu bis auf Abraham zurückführt, den Stammvater des Volkes Israel. Mit der scharfen Gegenüberstellung des Gesetzes von Mose und der Worte Jesu in der Bergpredigt im fünften bis siebten Kapitel sowie in den Berichten über die Auseinandersetzungen Jesu mit den Pharisäern macht er deutlich, dass mit Jesus von Nazaret eine neue Zeit anbricht: Seine Geschichte ist nicht nur für das Volk Israel relevant, sondern für die ganze Welt. Dieser Gedanke kommt besonders auch im weltweiten Missionsbefehl am Ende dieses Evangeliums zum Ausdruck.

Das Evangelium nach Markus

In der Bibelforschung ist man sich darüber einig, dass das Markus-Evangelium das älteste der vier Evangelien ist. Einzelne Teile davon werden auf das Jahr 40 datiert; spätestens um das Jahr 70 wurde es fertiggestellt – möglicherweise in Rom. Einzelne Fachleute sind jedoch der Meinung, es könnte in Syrien oder Kleinasien entstanden sein. Markus zeichnet sich durch seinen knappen Stil aus. Er reduziert seine Berichte auf das Wesentliche. Er nennt keinen Stammbaum und erzählt keine Geburtsgeschichte Jesu. Das Weihnachtsereignis lässt er also ganz weg. Stattdessen erzählt er die bekanntesten Wunder und Gleichnisse, indem er sich auf das Wirken des erwachsenen Jesus konzentriert. In seinen Geschichten vermittelt Markus aber ein sehr menschliches Bild von ihm: Er zeigt ihn erschöpft, im Boot eingeschlafen – oder verärgert. Es ist, als ob Markus damit »beweisen« wollte, dass Jesus tatsächlich ein Mensch war.

Das Evangelium nach Lukas

Dieses Evangelium ist der erste Teil einer zweibändigen Darstellung des christlichen Glaubens; der zweite Teil ist die Apostelgeschichte. Aus den Texten lässt sich mit einiger Sicherheit schließen, dass Lukas selbst kein Jude war, sondern vermutlich ein Grieche oder griechisch sprechender Römer, der sich zum Christentum bekehrt hatte. Es heißt, er sei von Beruf Arzt gewesen. Jedenfalls war er ein gebildeter Mann und widmet seine beiden Bücher einer hochgestellten Persönlichkeit namens Theophilus.

Dabei sagt Lukas selbst, dass es bereits andere Berichte über Jesus gibt, die er sorgfältig studiert hat – beispielsweise das Markus-Evangelium, zu dem es in seinen Texten viele Parallelen gibt.

Vermutlich ist das Evangelium zwischen den Jahren 70 und 90 n. Chr. in Kleinasien oder Syrien entstanden. Man könnte Lukas durchaus den ersten Verfasser einer »Kirchengeschichte« nennen: Er war nämlich der Erste, der die Gemeinde Jesu auch unter historischem Aspekt betrachtete – vor allem in der Apostelgeschichte. Er schreibt aber nicht nur aus geschichtlichem Interesse, sondern mit dem eindeutigen Ziel, den Glaubenden in den Gemeinden Gewissheit und Vertrauen zu geben. Besonderen Wert legt er dabei immer wieder auf die Stellung der Armen und Verachteten; deshalb wird dieses Evangelium auch das »soziale Evangelium« genannt. Was sonst noch interessant ist: Die Geburtsgeschichte im Lukas-Evangelium ist zu jenem Weihnachtstext geworden, der von den Hirten und Engeln erzählt und bis heute unvergleichlich populär und beliebt ist.

Das Evangelium nach Johannes

Das Evangelium nach Johannes ist wahrscheinlich nicht von einer Einzelperson geschrieben worden. Es wurde in einer Gemeinde verfasst, deren Mitglieder wohl überwiegend aus dem Judentum stammten. Aufgrund ihres Bekenntnisses zu Jesus wurden sie jedoch aus der jüdischen Synagogen-Gemeinde ausgestoßen und hatten wahrscheinlich sogar unter Verfolgungen zu leiden. Unter Kaiser Diokletian fanden nämlich in den Jahren 81 bis 96 n. Chr. die ersten systematischen Christenverfolgungen statt. So wird das

Evangelium heute etwa auf das Jahr 90 n. Chr. datiert. Mit großer Wahrscheinlichkeit ist es im Norden Palästinas oder in Syrien entstanden.

Während die Texte von Markus, Matthäus und Lukas oft wortwörtlich identisch sind und immer auch Außenstehende im Blick haben, stellt das Johannes-Evangelium ein völlig eigenständiges Werk dar, das sich in erster Linie an Vertraute wendet, nämlich an Menschen, die bereits zu einer christlichen Gemeinde gehören. Dieses Evangelium ist in seiner Art das anspruchsvollste, weil es vieles voraussetzt. Die Geburtsgeschichte und viele Wundergeschichten, die von den andern überliefert werden, fehlen bei Johannes vollständig. Während die ersten drei Evangelien vorwiegend aus dem Leben Jesu erzählen, lassen die Johannes-Texte vor allem Jesus selber sprechen: Seine Reden umfassen teilweise ganze Kapitel und fallen gegenüber den Berichten in den andern Evangelien besonders durch ihre reflektierende, philosophische Sprache auf.

Dank

Das vorliegende Buch ist aus der Praxis für die Praxis entstanden. Trotzdem – oder gerade deshalb – baut es auf einem theoretischen Fundament auf, das tragfähig sein muss. So möchte ich an erster Stelle dem Bibelwissenschaftler Walter Kirchschläger danken, der das Manuskript aufmerksam gelesen hat und mir da und dort fachkundliche Hinweise gab, die ich gerne berücksichtigt habe. Er hat sich bei der Lektüre – wie er sagte – oft auch an Situationen mit seinen eigenen Kindern erinnert, was mich ganz besonders gefreut hat.

Einmal mehr hat Hans-Rudolf Schärer sich mit meinem Buchprojekt befasst. Ihm verdanke ich nebst seinem engagierten Interesse ein paar wertvolle Anmerkungen als Germanist und vor allem sein Einfühlungsvermögen als Vater, der seinem kleinen Sohn regelmäßig Geschichten erzählt. Mein Dank gilt auch Othmar Fries, dem wachen und reflektierten Zeitgenossen und Pädagogen. Seine Rückmeldungen zum Manuskript sind mir auch diesmal wichtig gewesen, denn er versteht es, aus gesellschaftskritischem Blickwinkel heraus zu argumentieren und konstruktives Feedback zu meiner Arbeit zu geben.

Von Herzen danke ich Winfried Nonhoff, dem Leiter des Kösel-Verlags, der mich angeregt hat, dieses Buch zu schreiben. Sein Vertrauen in meine Schaffenskraft ehrt mich – und sie verpflichtet auch. Margarete Stenger, seine Mitarbeiterin, hat schließlich als versierte Lektorin in vielen Arbeitsschritten aus dem Manuskript ein Buch gemacht – kreativ und sorgfältig. Vielen Dank!

Bei der Entstehung dieses Buches haben mich folgende Werke inspiriert und beim Entwickeln meiner Ideen unterstützt:

- Aebli, Hans: Zwölf Grundformen des Lehrens. Eine Allgemeine Didaktik auf psychologischer Grundlage. Medien und Inhalte didaktischer Kommunikation, der Lernzyklus. Stuttgart 2003.
- Becker, Georg E.: Durchführung von Unterricht. Handlungsorientierte Didaktik 2. Beltz Pädagogik. Weinheim und Basel 1998, 8. Aufl.
- Biesinger, Albert / Berger, Barbara / Mittler-Holzem, Marlies / Hessler, Thomas: Abend-Oasen. Geschichten, Rituale, Gebete, Spiele. Ein Gute-Nacht-Buch für junge Familien. München 2002.
- Braun, Daniela: Handbuch Kreativitätsförderung. Theorie und Praxis für die Arbeit mit Kindern. Freiburg 1999.
- Conzelmann, Hans / Lindenmann, Andreas: Arbeitsbuch zum Neuen Testament. UTB für Wissenschaft. Tübingen 2004.
- Das Neue Testament. Einheitsübersetzung der Heiligen Schrift. Hrsg. im Auftrag der Bischöfe Deutschlands, Österreichs, der Schweiz u.a. und des Rates der Evangelischen Kirche und des Evangelischen Bibelwerks Deutschlands. Stuttgart 1979.
- Heinemann, Horst: Kindern biblische Geschichten erzählen. Eine Anleitung. Göttingen 2004.
- Kirchschläger, Walter: Grundkurs Bibel. Neues Testament. Mainz 2002.
- Wegener, Günther S.: 6000 Jahre und ein Buch. Wuppertal und Kassel 1992, 2. Aufl.